plurall

Parabéns!
Agora você faz parte do **Plurall**, a plataforma digital do seu livro didático!
Acesse e conheça todos os recursos e funcionalidades disponíveis para as suas aulas digitais.

Baixe o aplicativo do **Plurall** para Android e IOS ou acesse **www.plurall.net** e cadastre-se utilizando o seu código de acesso exclusivo:

AASFF69UG

Este é o seu código de acesso Plurall.
Cadastre-se e ative-o para ter acesso aos conteúdos relacionados a esta obra.

@plurallnet

@plurallnetoficial

SOMOS
EDUCAÇÃO

WILLIAM ROBERTO CEREJA

Professor graduado em Português e Linguística e licenciado em Português pela Universidade de São Paulo (USP)

Mestre em Teoria Literária pela Universidade de São Paulo (USP)

Doutor em Linguística Aplicada e Análise do Discurso pela Pontifícia Universidade Católica (PUC-SP)

Professor da rede particular de ensino em São Paulo, capital

CAROLINA DIAS VIANNA

Professora graduada e licenciada em Português pela Universidade Estadual de Campinas (Unicamp-SP)

Mestra em Linguística Aplicada pela Universidade Estadual de Campinas (Unicamp-SP)

Doutora em Linguística Aplicada pela Universidade Estadual de Campinas (Unicamp-SP)

Professora das redes pública e particular de ensino nos Estados de São Paulo e Minas Gerais

PAULA BARACAT DE GRANDE

Professora graduada e licenciada em Letras pela Universidade Estadual de Campinas (Unicamp-SP)

Mestra em Linguística Aplicada pela Universidade Estadual de Campinas (Unicamp-SP)

Doutora em Linguística Aplicada pela Universidade Estadual de Campinas (Unicamp-SP)

Professora da educação básica e do ensino superior nos Estados de São Paulo e Paraná

Todos os Textos

Uma proposta de produção textual a partir de gêneros e projetos

7ª edição

Atual Editora

Atual Editora

Presidência: Guilherme Alves Melega

Vice-presidência de educação digital: Camila Montero Vaz Cardoso

Direção editorial: Lidiane Vivaldini Olo

Gerência de conteúdo e design educacional: Julio Cesar Augustus de Paula Santos

Gestão e coordenação de área: Renato Luiz Tresolavy

Edição: Paula Junqueira e Ingrid Favoretto Falcão

Aprendizagem digital: Renata Galdino (ger.), Beatriz de Almeida Pinto Rodrigues da Costa (coord. Experiência de Aprendizagem), Carla Isabel Ferreira Reis (coord. Produção Multimídia), Daniella dos Santos Di Nubila (coord. Produção Digital), Rogerio Fabio Alves (coord. Publicação)

Planejamento e controle de produção: Flávio Matuguma (ger.), Juliana Batista (coord.), Renata Caroline de Oliveira Mendes (analista) e Jayne Ruas (analista)

Revisão: Letícia Pieroni (coord.), Aline Cristina Vieira, Anna Clara Razvickas, Carla Bertinato, Daniela Lima, Danielle Modesto, Diego Carbone, Elane Vicente, Kátia S. Lopes Godoi, Lilian M. Kumai, Luíza de Almeida T. Gonçalves, Malvina Tomáz, Marília H. Lima, Paula Freire, Paula Rubia Baltazar, Paula Teixeira, Raquel A. Taveira, Ricardo Miyake, Shirley Figueiredo Ayres, Tayra Alfonso e Thaise Rodrigues

Arte: Fernanda Costa da Silva (ger.), Kleber de Messas (líder de projeto) e Anna Júlia Medeiros Martins (edição de arte)

Diagramação: Arte4 Produção Editorial

Iconografia e tratamento de imagem: Roberta Bento (ger.), Iron Mantovanello Oliveira, Thaisi Albarracin Lima, Mariana de Souza Valeiro e Cristina Akisino (pesquisa iconográfica), Fernanda Crevin (tratamento de imagens)

Licenciamento de conteúdos de terceiros: Roberta Bento (ger.), Jenis Oh (coord.), Liliane Rodrigues, Raísa Maris Reina, Sueli Ferreira e Cristina Akisino (analistas de licenciamento)

Ilustrações: Biry Sarkis e Filipe Rocha

Design: Erik Taketa (coord.) e Gustavo Vanini (proj. gráfico e capa)

Foto de capa: Freepik

Avenida Paulista, 901, 6º andar – Bela Vista
São Paulo – SP – CEP 01310-200
http://www.somoseducacao.com.br

Dados Internacionais de Catalogação na Publicação (CIP)

Cereja, William Roberto
Todos os textos 6 : uma proposta de produção textual a partir de gêneros e projetos : ensino fundamental : anos finais / William Cereja, Carolina Dias Vianna, Paula Baracat. -- 7. ed. -- São Paulo : SOMOS Sistemas de Ensino, 2024.

Bibliografia
ISBN 978-65-5945-119-7 (aluno)
ISBN 978-65-5945-123-4 (professor)

1. Língua portuguesa (Ensino Fundamental) 2. Língua portuguesa - Composição e exercícios (Ensino Fundamental) I. Título II. Vianna, Carolina Assis Dias III. Grande, Paula Baracat de

23-1473 CDD 372.61

Angélica Ilacqua – Bibliotecária – CRB-8/7057

Dados Internacionais de Catalogação na Publicação (CIP)

Cereja, William Roberto
Todos os textos 6 [livro eletrônico] : uma proposta de produção textual a partir de gêneros e projetos : ensino fundamental : anos finais / William Cereja, Carolina Dias Vianna, Paula Baracat. -- 7. ed. -- São Paulo : SOMOS Sistemas de Ensino, 2024.
PDF

Bibliografia
ISBN 978-65-5945-137-1 (aluno)
ISBN 978-65-5945-141-8 (professor)

1. Língua portuguesa (Ensino Fundamental) 2. Língua portuguesa - Composição e exercícios (Ensino Fundamental) I. Título II. Vianna, Carolina Assis Dias III. Grande, Paula Baracat de

23-1477 CDD 372.61

Angélica Ilacqua – Bibliotecária – CRB-8/7057

2025

2025
CAE: 820947 (aluno)
CAE: 820951 (professor)
ISBN: 978-65-5945-119-7 (aluno)
ISBN: 978-65-5945-123-4 (professor)
7ª edição
2ª impressão
De acordo com a BNCC.

Impressão e acabamento: A.R. Fernandez

OP 247443

Uma publicação SOMOS EDUCAÇÃO

Apresentação

Caro estudante,

Cada um de nós tem muitos meios para se expressar: o gesto, o olhar, a palavra... Ah, as palavras...

Pontes de comunicação com o mundo e de interação entre as pessoas, as palavras chegam até nós pela fala e pela escrita. Elas vêm de viva voz ou registradas em livros, jornais, revistas. Vêm por telefone, pelo correio, pelas redes sociais, por *e-mail*, pelos aplicativos de mensagens... Vêm a todo momento: em histórias de nosso povo ou de países distantes; em quadrinhos que nos divertem; em poemas que nos fazem pensar e sentir emoções talvez nunca experimentadas; em propagandas, cartões, cartas e notícias.

Assim como vêm, as palavras também vão: nas exposições orais que fazemos, nas histórias que contamos, nas opiniões que damos sobre as coisas simples e complexas que nos cercam. Vão nos textos em que convidamos, informamos, protestamos, reivindicamos...

Este livro traz algumas ferramentas que vão ajudá-lo a lidar com a palavra e os textos — orais, escritos e também aqueles em que linguagens são combinadas — nas mais diferentes situações.

Para se apropriar das palavras, basta que você tenha o desejo de explorar os múltiplos caminhos da linguagem e a disposição para realizar projetos, como varal de poesia e livro de histórias, declamar poemas, fazer pesquisas e entrevistas, apresentar um seminário, participar de debates, entre outros.

Esperamos que, por meio de seus textos, você possa agir e interagir com outras pessoas; argumentar e persuadir; reivindicar e protestar; informar sobre o mundo que o cerca ou relatar suas vivências e sensações particulares; transmitir conhecimentos e narrar histórias; fazer seu interlocutor ler por prazer, imaginar, sonhar, se divertir, se emocionar.

Um abraço,
Os Autores.

SUMÁRIO

UNIDADE 3 Aventura e crime 130

UNIDADE 4 Liberdade 182

DE OLHO NOS GÊNEROS

Leia os textos a seguir.

Texto 1

(Disponível em: https://novaescola.org.br/conteudo/3621/calvin-e-seus-amigos. Acesso em: 7/2/2023.)

Texto 2

Menino de 5 anos manda bilhete em nome da professora para não ir à escola: 'Pode ser feriado'

Professora de escola infantil em Bocaina (SP) fez post com foto do recado e história viralizou no Facebook. "Ele solta várias 'pérolas', é demais", conta.

Por Júlia Martins, G1 Bauru e Marília. 23/08/2018 11h55 Atualizado há 3 meses

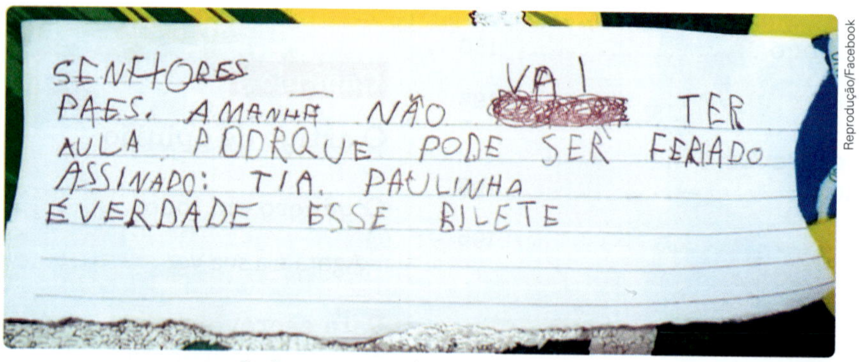

Professora postou foto do bilhete que viralizou nas redes sociais

A criatividade de um menino de Bocaina (SP) viralizou nas redes sociais nesta quarta-feira (22). A mãe de G. L., de 5 anos, recebeu um bilhete inusitado dizendo que não haveria aula na escola no dia seguinte, pois "poderia ser feriado".

O bilhete, assinado em nome de "Tia Paulinha", professora do garoto, havia sido escrito pelo próprio G. O bilhete ainda trazia no final o recado: "É verdade esse bilete" (sic). A mãe, G. S., entrou em contato com a professora para rir da situação e confirmar a "veracidade" do recado.

(Disponível em: https://g1.globo.com/sp/bauru-marilia/noticia/2018/08/23/menino-de-5-anos-manda-bilhete-em-nome-da-professora-para-nao-ir-a-escola-pode-ser-feriado.ghtml. Acesso em: 7/2/2023.)

1. Sobre os dois textos lidos, responda:

a) Qual deles informa sobre um fato ocorrido no mundo? Onde esse texto costuma ser publicado?

b) Qual deles conta uma história ficcional? Onde esse texto costuma ser publicado?

c) Que nomes são dados a cada um desses textos?

2. No interior de cada um dos textos em estudo aparece outro texto. Qual é ele?

3. Embora haja diferenças quanto à função social e às situações de comunicação nas quais os textos lidos circulam, eles se assemelham pelo fato de mostrarem situações parecidas.

a) Quem são os personagens principais dessas histórias?

b) Esses dois personagens agem de forma semelhante para alcançar um objetivo em comum. Qual é esse objetivo?

c) Para tentar atingir seu objetivo, ambas utilizam a mesma estratégia. Qual é essa estratégia?

d) Nas duas situações, elas têm sucesso em sua tentativa? Por que isso acontece?

4. Considerando os elementos das situações de comunicação ilustradas pelos dois textos, conclua: Que hábito muito comum na comunicação escolar as duas crianças tentaram imitar?

____

____

5. Releia a fala de Calvin no último quadrinho da tira e deduza:

a) Se ele soubesse fazer letra cursiva, o rumo da história teria sido outro? Justifique sua resposta.

____

____

____

b) Explique como essa conclusão do garoto contribui para construir o humor da tira.

____

____

____

____

Os textos e os gêneros

Ao responder às questões anteriores, você percebeu que as duas crianças das histórias lidas utilizaram a mesma estratégia — escrever um bilhete — para tentar atingir seu objetivo de não ir à escola. No caso da tira, trata-se de uma história de ficção que busca de certa forma imitar a realidade; e, no caso da notícia, trata-se de um fato que foi noticiado na imprensa. Sabendo que a comunicação por meio de bilhetes é uma prática comum na instituição escolar, as crianças tentam imitar essa prática e escrevem os próprios bilhetes com o objetivo de cabular aula. O resultado desastroso, dada a inocência das crianças ao fazer essa tentativa, é o que cria humor na tira de Calvin e também o que fez com que o bilhete de G. L. tenha viralizado nas redes sociais.

Essas duas situações mostram o funcionamento dos textos em nossa vida. Todos nós interagimos socialmente por meio de textos, que podem assumir diferentes estruturas e formatos, utilizando a linguagem de variadas formas (verbal, não verbal, menos ou mais formal, menos ou mais próxima da norma-padrão, etc.). Tal variação depende das nossas intenções, da nossa história como leitores e produtores de textos, dos interlocutores com quem interagimos, do local em que nos encontramos, entre diversos outros fatores que interferem diretamente no modo como usamos a língua e nos textos que produzimos ao nos engajarmos em uma situação de comunicação.

Assim, quando interagimos com as pessoas por meio da linguagem, oral ou escrita, sempre produzimos textos, que, com certas variações, se repetem quanto ao conteúdo, à linguagem utilizada e à estrutura, constituindo os chamados **gêneros textuais** ou **gêneros do discurso**. Nas histórias lidas no estudo de abertura deste capítulo, os personagens, ainda que de forma não tão bem-sucedida, lançam mão de um gênero que sabem que tem ampla circulação nas práticas escolares: o bilhete. É esse conhecimento explorado de forma tão inocente que torna as histórias engraçadas.

Do bilhete ao meme

Após viralizar nas redes sociais, o bilhete de G. L. deu origem a memes que utilizam a ideia da escrita de um bilhete por uma autoridade em algum assunto para permitir ou proibir alguma ação. A frase final e o desvio ortográfico na palavra "bilhete" ajudam a construir o humor dos memes e revelar a mesma estratégia usada pelo garoto.

Reprodução/www.instagram.com/cacausando

Em toda situação de interação verbal, a escolha de um gênero textual adequado é um dos fatores determinantes para que nossos textos cumpram nossos objetivos. Essa escolha deve ser feita com base em diferentes elementos, tais como: quem produz o texto, para quem, com que finalidade, qual é o veículo ou suporte, o momento histórico, etc.

Os gêneros e as esferas de circulação

As características de um gênero textual estão diretamente ligadas às esferas de circulação, também conhecidas como domínios discursivos ou campos de atividade. As esferas de circulação correspondem aos ambientes ou contextos nos quais os gêneros circulam, que incluem a finalidade da situação de comunicação, o tempo e o lugar em que os textos são produzidos, os participantes envolvidos e a relação existente entre eles, etc. Assim, na esfera jornalística, por exemplo, em que uma das principais finalidades é informar a população em geral sobre fatos de interesse coletivo, são comuns gêneros como notícias, reportagens, entrevistas, etc.; na esfera publicitária, são comuns gêneros como o cartaz, o anúncio, o classificado, etc.

São milhares os gêneros que circulam em nossa sociedade, que surgem e desaparecem de acordo com as necessidades de cada tempo. Há gêneros que eram muito utilizados em tempos antigos e que são pouquíssimo utilizados atualmente, tais como o cartão-postal, as cartas e os telegramas. Há outros que surgiram muito recentemente, em especial aqueles ligados à esfera digital, como o meme, o *vlog*, o *podcast*, entre outros.

No quadro da página seguinte estão enumerados, de forma didática, alguns gêneros, associados às diferentes esferas de circulação, ou domínios discursivos, nos quais eles costumam ocorrer. Perceba que há alguns gêneros, como artigo, debate, entrevista, discussão, que podem ocorrer naturalmente em mais de uma esfera. Por exemplo, um artigo pode circular na esfera jornalística e na esfera científica. Perceba também que alguns gêneros são orais, outros, escritos, outros podem ocorrer nas duas modalidades (como uma entrevista), e ainda há os gêneros multimodais, que combinam linguagens (gráficos, cartazes, anúncios, etc.).

Arsenii Palivoda/Shutterstock

Esferas de circulação	Gêneros textuais
Instrucional (científico, acadêmico e educacional)	artigo científico; verbete de enciclopédia; relatório científico; nota de aula; nota de rodapé; diário de campo; monografia; glossário; artigo de divulgação científica; tabela; mapa; gráfico; resumo de livro; resenha; comentário; biografia; projeto; autobiografia; manual de ensino; bibliografia; ficha catalográfica; memorial; *curriculum vitae*; parecer técnico; verbete; carta de apresentação; carta de recomendação; ata de reunião; sumário; diploma; dicionário; prova de língua; prova de vestibular; prova de múltipla escolha; certificado de especialização; certificado de proficiência; atestado de participação; epígrafe; conferência; debate discussão; exposição; aula participativa; aula expositiva; entrevista de campo; exame oral; exame final; seminário; colóquio; entrevista de seleção de curso; aula de concurso; aula em vídeo; aula pelo rádio
Jornalística	editorial; notícia (escrita, televisiva, radiofônica); reportagem (escrita, televisiva, radiofônica); fotorreportagem; artigo de opinião; comentário; história em quadrinhos; palavras cruzadas; crônica; entrevista jornalística; anúncio classificado; anúncio fúnebre; carta do leitor; carta ao leitor; reclamação; capa de revista; boletim do tempo; sinopse de novela; resumo de filme; cartum; caricatura; enquete; charge; programação semanal; entrevista coletiva; comentário; debate
Religiosa	oração; reza; catecismo; homilia; hagiografia; cântico religioso; missal; bula papal; penitência; encíclica papal; sermão; confissão; cantoria; lamentação; benzeção; canto medicinal
Saúde	receita médica; bula de remédio; parecer médico; receita caseira; consulta; entrevista médica; conselho médico
Comercial	rótulo; fatura; classificados; publicidade; comprovante de pagamento; nota fiscal; boleto; boletim de preços; logomarca; comprovante de renda; carta comercial; formulário de compra; carta-resposta; comercial; controle de estoque; controle de venda; bilhete de avião; bilhete de ônibus; certificado de garantia; atestado de qualidade; lista de espera; balanço comercial; publicidade de feira, de TV, de rádio; refrão de feira; refrão de carro de venda de rua
Industrial	instrução de montagem; descrição de obras; código de obra; aviso; controle de estoque; atestado de validade; manual de instrução; ordem
Jurídica	contrato; lei; regimento; estatuto; certidão de nascimento; certidão de casamento; certidão de óbito; atestado; certificado; norma; regra; parecer; boletim de ocorrência; aviso de licitação; documento pessoal; requerimento; autorização de funcionamento; sentença de condenação; citação criminal; mandado de busca; medida provisória; desmentido; edital; regulamento; advertência; tomada de depoimento; declaração; exortação; depoimento; inquérito judicial; inquérito policial; ordem de prisão

Esferas de circulação	Gêneros textuais
Publicitária	propaganda; publicidade (em revistas, jornais, TV, redes sociais); anúncio; cartaz; folheto; logomarca; aviso; *outdoor*; placa; endereço postal; endereço eletrônico; endereço de internet
Lazer	piada; jogo; adivinha; história em quadrinhos; palavras cruzadas; horóscopo; fofoca; jogo teatral
Interpessoal	carta pessoal; carta comercial; carta aberta; carta do leitor; carta oficial; carta-convite; cartão de visita; *e-mail*; bilhete; ata; telegrama; relato; agradecimento; convite; advertência; informe; diário pessoal; aviso fúnebre; lista de compras; endereço postal; endereço eletrônico; autobiografia; formulário; placa; mapa; catálogo; recado; conversação espontânea; telefonema; mensagem virtual

(Adaptado de: Luiz Antonio Marcuschi. *Produção textual, análise de gêneros e compreensão*. São Paulo: Parábola Editorial, 2008. p. 194-196.)

EXERCÍCIOS

Leia os textos a seguir e troque ideias com os colegas e o professor sobre o que você sabe deles e de seu funcionamento na sociedade. Em seguida, identifique a esfera e o gênero aos quais cada um deles pertence. Justifique suas respostas, tomando por base fatores como o conteúdo e a forma dos textos, quem os produziu, em qual situação, etc.

Texto 1

https://istoe.com.br/o-brasileiro-precisa-aprender-a-doar/

Após uma carreira de 20 anos na Organização das Nações Unidas (ONU) [...], Leona Forman, 77 anos, se aposentou e decidiu fazer mais pelo Brasil. Em 2000, criou a BrazilFoundation (BF), organização social sediada em Nova Iorque, com sede no Rio e em Miami e que surgiu com o objetivo de incentivar brasileiros espalhados pelo mundo a apoiarem ONGs no Brasil. [...] De Nova Iorque, Leona falou à ISTOÉ sobre os motivos que fazem o brasileiro doar pouco e por que as políticas públicas poderiam estimular a filantropia no País.

Qual é o objetivo da campanha Abrace?

É fazer com que as pessoas doem. A Brazil Foundation foi criada originalmente para mobilizar os brasileiros que moram fora do Brasil, eles são 4 milhões em todo o mundo e, nos EUA, são 1,5 milhão. A visão original era criar um canal para essas pessoas contribuírem com o Brasil. Em oito anos, foram mais de US$ 40 milhões. Agora nossa ideia é inspirar os próprios brasileiros a doarem. Ainda não atingimos esse objetivo, temos muito o que avançar. Esse ano temos como meta arrecadar pelo menos R$ 1 milhão.

Comparado a outros povos, o brasileiro é mesmo solidário?

Nós temos uma pesquisa feita em 139 países, ela mostra que o brasileiro é muito generoso, se comparado com os cidadãos de outros países, em termos de tempo e voluntariado. Nós temos uma coisa do "jeitinho", de ir lá, ajudar, fazer o que parecia impossível. É interessante também notar que o número de mulheres trabalhando no terceiro setor é muito grande, elas fazem a diferença porque vão e não esperam por ninguém. Isso é muito bom.

E em termos de doação financeira?

Temos muito o que evoluir. Somos a 8ª maior economia do mundo e estamos em 75º lugar no ranking de doações. A legislação não favorece e há também a questão cultural. Elas estão crescendo, mas não se transformaram ainda numa prioridade do setor público e das empresas. [...]

(Disponível em: https://istoe.com.br/o-brasileiro-precisa-aprender-a-doar/. Acesso em: 7/2/2023.)

Texto 2

Alvorada

Parabenizo a **Folha** pela reportagem "Palácio da Alvorada recupera o brilho original com restauro de ambientação". Poucos conhecem o contexto da criação da obra de Alfredo Volpi que, recentemente, deixou o Palácio do Planalto para o Alvorada. Trata-se do primeiro dos três trabalhos de Volpi em Brasília em parceria com Oscar Niemeyer. Em 1957, quando foi iniciada a construção do Palácio da Alvorada, o arquiteto pediu a Volpi uma obra e foi feita uma releitura da bandeira do Brasil. A tela, hoje no Alvorada, reconcilia-se com o contexto histórico de sua criação.

P. M.

(Disponível em: https://acervo.folha.com.br/digital/leitor.do?numero=48541&anchor=6106414&pd=53922c3d5509c0b6197199fae5e0a839. Acesso em: 22/12/2018.)

Texto 3

(Disponível em: https://br.pinterest.com/pin/816770082396211322/. Acesso em: 7/2/2023.)

Texto 4

INSTRUÇÕES DE MONTAGEM E USO *INSTRUCCIONES DE MONTAJE Y USO*

MOR **PISCINA Infantil**

1,89 m x 1,26 m x 42 cm
Capacidade/Capacidad: 1000 litros.

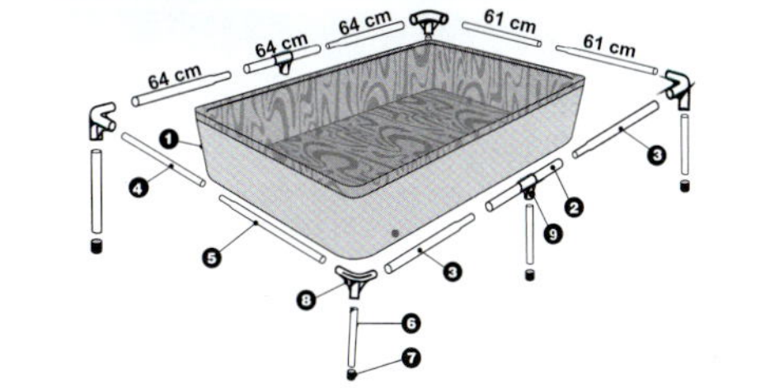

Antes da montagem de sua piscina leia atentamente o manual de instruções, o termo de garantia e verifique as medidas dos tubos, bem como a correta localização deles no produto, conforme consta no manual.
O conserto de defeitos originados da montagem da piscina em desacordo com as orientações deste manual são serão cobertos pela garantia.

Antes del montaje de su piscina, lea con atención el manual de instrucciones y verifique las medidas de los tubos de acero, así como su correcta localización en el producto, conforme el manual.
No serán cubiertas por la garantía de daños ocasionados por montaje en desacuerdo con las orientaciones de este manual.

Contém *Contiene*

1. 01 lona
2. 02 tubos de 64 cm
3. 04 tubos de 64 cm com rebaixo
4. 02 tubos de 61 cm
5. 02 tubos de 61 cm com rebaixo
6. 06 tubos de 38 cm para os pés.
7. 06 ponteiras plásticas
8. 04 esquineiros plásticos
9. 02 conector em ``T`` plásticos

1. *01 lona*
2. *02 tubos de 64 cm*
3. *04 tubos de 64 cm con rebaje*
4. *02 tubos de 61 cm*
5. *02 tubos de 61 cm con rebaje*
6. *06 tubos de 38 cm para esquinas*
7. *06 punteras plásticas*
8. *04 esquineros plásticos*
9. *02 conector en ``T`` plásticos*

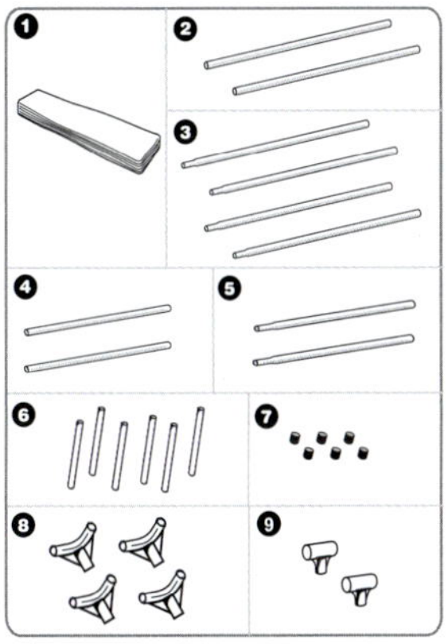

Instruções de Montagem / *Instrucciones de Montaje*

Ⓐ Separe a lona das ferragens. *Separe la lona de los tubos.*

Ⓑ Abra a lona com CUIDADO
A escolha de um local para abrir a lona e montar a piscina é muito importante; olhe bem, evite pedras e pontas que possam furar ou raspar a lona.
IMPORTANTE: Para proteção da piscina utilize plástico, lona ou forro sobre a base.
Não montar a piscina sobre a areia. Não usar espuma ou isopor na base da lona sobre a grama.

Abra la lona con CUIDADO.
La selección del lugar para abrir la lona y montar la piscina es muy importante. Evite piedras y puntas que puedan perforar o raspar la lona.
IMPORTANTE: Para proteger la piscina, utilice plástico, lona o cubre piso en la base.
No armar la piscina sobre arena. No usar goma espuma ni telgopor en la base de la lona sobre césped.

OBSERVE OS DESENHOS
OBSERVE LOS DIBUJOS

Ⓒ Coloque todos os tubos retos um do lado do outro para que você possa diferenciá-los. Os tubos curtos 4 e 5 serão utilizados na lateral menor da piscina e os tubos compridos 2 e 3 serão utilizados na lateral maior da piscina.

Coloque todos los tubos rectos uno al lado del otro para que usted pueda diferenciarlos. Los tubos cortos 4 y 5 serán utilizados en el lateral menor de la piscina y los tubos largos 2 y 3 serán utilizados en el lateral mayor de la piscina.

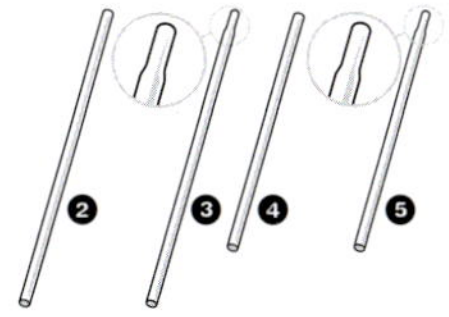

Ⓓ Primeiro encaixe os tubos do mesmo tamanho 4 e 5 conforme o desenho abaixo.
Primero encaje los tubos del mismo tamaño 4 y 5 conforme al diseño de abajo.

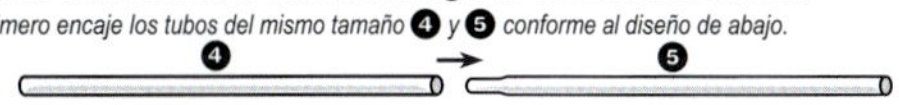

Ⓔ Introduza os tubos 4 e 5 dentro da bainha da lona na lateral menor da piscina, conforme a ilustração.

Introduzca los tubos 4 y 5 dentro de la vaina de la lona del lateral menor de la piscina, conforme a la ilustración.

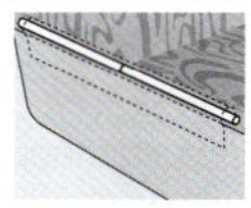

Ⓕ Repetir os passos Ⓓ e Ⓔ para montar os tubos 4 e 5 na outra lateral menor da lona.
Repetir los pasos Ⓓ y Ⓔ para montar los tubos 4 y 5 en la otra lateral menor de la lona.

Ⓖ A- Introduza o conector em ``T`` 9 em uma das pontas do tubo 2.
B- Introduza o lado oposto ao conector em ``T`` 9 no recorte da bainha, na lateral maior da lona, conforme ilustração.
C- Centralize o tubo com o conector no recorte da bainha da lona, conforme ilustração
A- Introduzca el conector en ``T`` 9, en una de las puntas del tubo 2.
B- Introduzca el lado opuesto del conector en ``T`` 9, en el recorte de la vaina lateral mayor de la lona. Conforme ilustración.
C- Coloque el tubo con el conector, en el recorte de la vaina de lona. conforme ilustración.

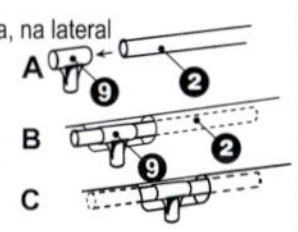

(Disponível em: https://images.colombo.com.br/produtos/1563/1563_1578051924733.pdf. Acesso em: 7/2/2023.)

UNIDADE

1 Quadrinhos em ação

Esta unidade de ensino contempla:

11 habilidades da BNCC

Habilidades do campo artístico-literário, com foco na criação de história em quadrinhos.

1 gênero textual

História em quadrinhos.

2 recursos: Para escrever com técnica e expressividade

Descrição; discurso direto e indireto.

53 atividades: compreensão, interpretação, oralidade e escrita

Diversas atividades individuais e em grupo e propostas de produção de histórias em quadrinhos.

Projeto: Oficina de Criação

Criar histórias em quadrinhos, produzir cartazes e montar uma revista com quadrinhos para uma mostra.

"Eu leio quadrinhos desde muito pequena, principalmente o Turma da Mônica e mangás. Além disso, desenhar sempre foi pra mim uma forma prazerosa de me expressar. Quando era adolescente, tinha uma ideia vaga de que gostaria de ser quadrinista e até cheguei a fazer um curso. [...] O empurrão que eu precisava para começar a produzir quadrinhos veio da movimentação da própria cidade [Belo Horizonte], quando eu via pessoas daqui publicando no FIQ (Festival Internacional de Quadrinhos) por exemplo, e de iniciativas de incentivo a novas autoras mulheres. Ver pessoas fazendo quadrinhos, e pessoas como eu, era muito empolgante."

Aline Lemos, cartunista.
(Disponível em: https://contramao.una.br/aline-lemos-fala-sobre-sua-paixao-por-quadrinhos-e-suas-expectativas-para-o-fiq/.)

Biry Sarkis/Acervo da editora

FIQUE LIGADO! *Pesquise!*

PictureLux/The Hollywood Archive/Alamy/Fotoarena

Assista às produções: *Viúva Negra*, de Cate Shortland; *Liga da Justiça de Zack Snyder*, de Zack Snyder; *Shang-Chi e a lenda dos dez anéis*, de Destin Daniel Cretton; *Homem-aranha: sem volta para casa*, de Jon Watts; *A máscara do Zorro*, de Martin Campbell; *Menino Maluquinho: o filme*, de Helvécio Ratton; *Menino Maluquinho 2 – A aventura*, de Fernando Meirelles e Fabrizia Pinto.

Reprodução/Editora Mino

O homem rabiscado, de Serge Lehman e Frederik Peeters (Nemo); *Haya e o tempo*, de Pedro Cobiaco e Janaína de Luna (Mino); *Narrativas gráficas* (Devir) e *Quadrinhos e arte sequencial* (Martins Fontes), de Will Eisner; *Quadrinhos no cinema*, de Alexandre Callari, Bruno Zago e Daniel Lopes (Generale); *Enquanto isso...*, de Jules Feiffer (Companhia das Letrinhas); *As melhores tiradas do Menino Maluquinho, O Menino Maluquinho em quadrinhos — As tiras* e *O menino quadradinho*, de Ziraldo (Melhoramentos); coleção Uma aventura de Asterix, de Goscinny e A. Uderzo (Record); coleção As aventuras de Tintim, de Hergé (Record); coleção Mafalda, de Quino (Martins Fontes); *O homem no teto*, de Jules Feiffer (Companhia das Letras); *Desenhando quadrinhos*, de Scott McCloud (M. Books); *Como fazer histórias em quadrinhos*, de Juan Acevedo (Global).

- www.quino.com.ar
- http://turmadamonica.uol.com.br
- https://tirasarmandinho.tumblr.com/
- www.divertudo.com.br/quadrinhos/quadrinhos-txt.html
- https://ccbb.com.br/programacao-digital/tour-virtual-ziraldo-interativo/

História do Brasil em quadrinhos, 1 e 2, de Edson Rossatto, Laudo e Omar Viñole (Europa)

FIQUE LIGADO! *Escreva!*

O homem das cavernas não registrou sua história com palavras, porque desconhecia a escrita. Mas deixou marcas de sua passagem pela Terra, desenhando cenas de sua vida cotidiana nas rochas e nas cavernas. Alguns estudiosos afirmam que nesses desenhos, conhecidos como pinturas rupestres, está a origem das histórias em quadrinhos. Exagero ou não, nós, que gostamos dessas histórias, gostamos também de imaginar que o homem das cavernas devia ter alma de criança e que, ao desenhar usando os próprios dedos, se divertia muito. Vamos imitar o homem das cavernas? Lápis preto, lápis de cor e borracha na mão! Desenhe, numa folha de papel sem pauta, uma ou mais cenas de sua vida cotidiana. Pinte-as com lápis de cor. Quando terminar, troque os quadrinhos com os colegas para que um possa curtir as cenas do outro.

Certamente você já leu histórias em quadrinhos ou assistiu a filmes que têm como heróis personagens dessas histórias. Considerando o que você se lembra das histórias ou dos filmes, troque ideias com os colegas para responder às questões a seguir.

- O desenhista Mauricio de Sousa criou muitos personagens de histórias em quadrinhos, como Cebolinha, Mônica, Cascão, Magali, Franjinha, etc. Como é conhecida essa turma? Qual é a principal característica de cada um desses personagens?
- O Menino Maluquinho é um dos personagens mais famosos e queridos das crianças e dos jovens brasileiros. Quem criou esse personagem?

Agora, conte para os colegas quais são seus personagens ou seus heróis favoritos de histórias em quadrinhos e por quê.

No dia combinado com o professor, traga para a sala de aula revistas de histórias em quadrinhos. Troque-as com os colegas, leia-as e converse sobre elas, falando das impressões e experiências de cada um. Depois, leia os textos a seguir.

Histórias em quadrinhos: ver e ler

O homem é um ser fabulador, isto é, que gosta de inventar histórias e também de ouvi-las. Talvez por isso, num determinado momento de nossa história, um desenhista resolveu associar desenhos e palavras e inventou a história em quadrinhos, que é aquela que narra uma história quadro a quadro, em sequência. Com o passar do tempo, os desenhistas foram aprimorando a técnica do desenho de quadrinhos e inseriram os balões, que se tornaram a marca dessas histórias.

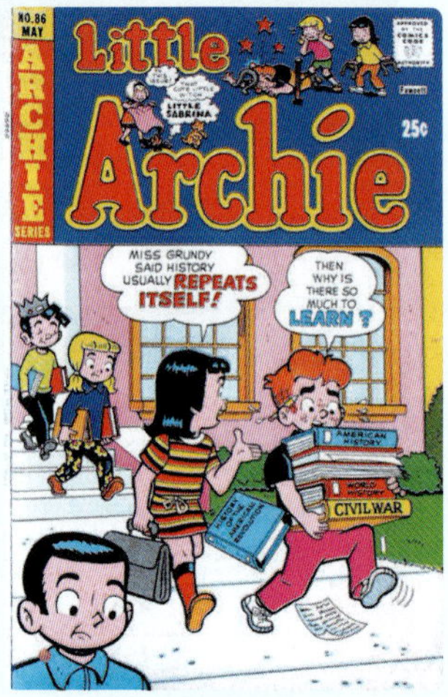

Blueee77/Shutterstock

Capa de *Pequeno Archie*, de 1974.

Os quadrinhos foram inventados, primeiramente, para provocar humor e divertir, e também para explorar nossa capacidade imaginativa. Aos poucos, sem perder essas características, foram ganhando outras, como a crítica à política, à sociedade, ao comportamento humano.

Sem dúvida, os quadrinhos divertem e instruem não só crianças e adolescentes, mas também adultos.

Um pouco da história das histórias em quadrinhos

O Garoto Amarelo, do desenhista norte-americano Richard F. Outcault, publicado num grande jornal dos Estados Unidos a partir de 1895, marca o início da história das histórias em quadrinhos. Como naquela época os balões — que trazem a fala ou o pensamento dos personagens — ainda não eram usados, o texto aparecia escrito no camisolão amarelo que o personagem usava.

Reprodução/Kitchen Sink Pr.

Capa da edição comemorativa do centenário de *O Garoto Amarelo*, de R. F. Outcault.

Os balões e as onomatopeias surgiram dois anos depois, nos quadrinhos *Hans e Fritz* ou *Os sobrinhos do Capitão*, de Rudolph Dirks. Depois desses quadrinhos, no início do século XX, vieram muitos outros, como *O pequeno Nemo no país dos sonhos*, *O Gato Félix*, *Tarzan*, *Popeye*, *Tintim*, *Mickey*, *Dick Tracy*, *Flash Gordon*, *Mandrake*, *Fantasma*, *Super-Homem*, *Batman*, *Capitão América*, *Charlie Brown*, etc. Esses personagens conquistaram o público e eram a distração de crianças, jovens e adultos.

Por volta de 1950, as vendas dos quadrinhos se reduziram drasticamente, mas, nos anos 1960, voltaram a ganhar força graças ao talento de Stan Lee, que criou, entre outros, *Homem-Aranha*, *Hulk* e *X-Men*. Os heróis desses quadrinhos tornaram-se menos fantásticos e mais humanos, o que agradou principalmente aos jovens. Já na Argentina o cartunista e desenhista Quino criou a personagem Mafalda, que agradava tanto aos jovens quanto aos adultos.

Para a alegria de todos, em 1985, Bill Watterson criou Calvin, um garoto cuja imaginação é tão grande que consegue dar vida a seu tigre de pelúcia.

© Joaquín Salvador Lavado (Quino)/Fotoarena

Personagem Mafalda, de Quino.

© 1992 Watterson/Dist. by Andrews McMeel Syndication

Personagem Calvin, de Bill Watterson.

Reprodução/Acervo particular

Capa de uma edição da revista *Piratas do Tietê*, de Laerte.

Os quadrinhos no Brasil

Os quadrinhos brasileiros surgiram no início do século XX, com a publicação de uma revistinha de variedades para crianças, *O Tico-Tico*. A essa publicação seguiram-se outras, como *Suplemento Infantil*, *Gibi*, *Edições Maravilhosas*.

A partir dos anos 1960, os quadrinhos brasileiros deram um salto de qualidade: Ziraldo criou o *Pererê* e o *Menino Maluquinho*; Mauricio de Sousa criou o cachorrinho *Bidu* e, mais tarde, a *Turma da Mônica*; Henfil, o *Fradim*; Edgar Vasques, o *Rango*; Ciça, o *Pato*; Laerte, os *Piratas do Tietê*; Glauco, o *Geraldão*; Angeli, a *Rê Bordosa*; Luis Fernando Verissimo, *As cobras*; etc.

OFICINA DE CRIAÇÃO

Projeto » De quadrinho em quadrinho...

No final desta unidade, no capítulo **Oficina de Criação**, você vai participar com os colegas da realização de uma mostra de livros, revistas, vídeos, etc. sobre histórias em quadrinhos. Para compor a mostra, vocês vão produzir uma revista em quadrinhos e cartazes sobre heróis e personagens dos quadrinhos, além de realizar outras atividades.

Biry Sarkis/Acervo da editora

CAPÍTULO

1 História em quadrinhos (I)

O GÊNERO EM FOCO

Leia esta história em quadrinhos, de Mauricio de Sousa:

(*Chico Bento*, n. 14, 2021.)

1. Do primeiro para o segundo quadrinho, Zé da Roça, amigo de Chico Bento, apresenta uma mudança em seu estado emocional.

a) Como ele parece estar no primeiro quadrinho?

b) E no segundo?

c) O que ocorre para alterar seu estado?

2. No segundo quadrinho, há apenas uma fala de Chico Bento.

a) Alguns recursos empregados no balão da fala de Chico sugerem a maneira de falar do personagem. Quais são esses recursos?

b) Considerando os recursos identificados por você no item *a*, conclua: de que maneira Chico fala?

3. Nas histórias de Chico Bento, ele e outro amigo, o Zé Lelé, sempre sobem na goiabeira de Nhô Lau para comer goiabas, escondidos do dono do pomar.

a) Qual é a hipótese de Zé da Roça ao ver Chico Bento correndo, ou seja, o que ele acha que está acontecendo?

b) Essa hipótese se confirma? Justifique sua resposta.

Quem é Mauricio de Sousa

Marcio Bruno ©Mauricio de Sousa Editora Ltda.

Mauricio de Sousa (1935) é um dos mais famosos cartunistas brasileiros, criador da Turma da Mônica. O primeiro personagem que inventou foi o cachorrinho Bidu, em 1959. Desde 2011, é membro da Academia Paulista de Letras.

Quadrinhos: arte sequencial

Quadrinhos são uma maneira de combinar linguagens para narrar uma história. Um quadro é desenhado após o outro e, por meio de elementos verbais (textos, legendas, etc.) e não verbais (balões, ilustrações, etc.), uma história vai sendo contada. Embora não haja efeitos de multimídia, como ocorre em filmes, nas HQs a nossa própria leitura, ao acompanhar a sequência de quadros, dá vida e movimento aos personagens. É por essa razão que os quadrinhos também são conhecidos como "arte sequencial".

4. Nas HQs, cada quadrinho apresenta uma cena da história. As cenas, em sequência, formam a narrativa.

a) Pelo contexto, onde se passa a história? Justifique sua resposta.

b) Deduza: em que momento ela se passa, de dia ou à noite? Justifique sua resposta com base nos elementos não verbais dos quadrinhos.

c) A ação representada na história parece levar bastante tempo ou é rápida? Identifique elementos não verbais da tira que contribuem para marcar essa duração.

5. A onça faz um barulho. Qual palavra expressa o barulho do animal?

6. O balão é um elemento característico dos quadrinhos. Consiste em um espaço contornado por um rabicho que parte, quase sempre, da boca ou das proximidades da cabeça dos personagens e no qual aparece a fala ou o pensamento deles. Observe os balões dos terceiro e quarto quadrinhos.

a) O que ele indica no terceiro quadrinho?

b) E o que eles indicam no quarto quadrinho?

c) Qual é a diferença entre o primeiro balão e o segundo balão do quarto quadrinho?

d) Como é, geralmente, a letra usada nos balões: de fôrma ou cursiva? Maiúscula ou minúscula?

7. As histórias em quadrinhos compõem-se de quadros que, geralmente, exploram e associam as linguagens verbal e não verbal.

a) Faça uma experiência. Copie abaixo apenas a parte verbal do quadrinho de Mauricio de Sousa.

____

____

b) Sem a linguagem não verbal, a história em quadrinhos tem sentido completo?

____

c) Que papel as imagens têm em uma história em quadrinhos?

____

____

____

d) Quais elementos compõem a linguagem verbal?

____

8. Com a orientação do professor, junte-se a alguns colegas para resumir as características básicas da história em quadrinhos. Então, preencha as lacunas do quadro a seguir:

História em quadrinhos: construção e recursos expressivos	
Quem são os interlocutores da HQ?	
Qual é o objetivo do gênero HQ?	
Onde a HQ circula?	
Quais são os temas abordados em HQ?	
Como é a estrutura da HQ?	
Como se caracteriza a linguagem verbal da HQ?	
Como se caracteriza a linguagem não verbal da HQ?	

A linguagem dos quadrinhos

Nas histórias em quadrinhos, conforme já vimos, geralmente as linguagens verbal e visual estão associadas. A linguagem verbal costuma aparecer nos balões, nas legendas (ou letreiros), nas onomatopeias, nas interjeições.

Os balões

O balão contém texto ou imagens, sinais de pontuação ou símbolos e muda de formato, dependendo do que se deseja expressar: as falas, os pensamentos ou as emoções (surpresa, alegria, raiva, medo, cansaço, etc.) dos personagens.

Há vários formatos de balão. Os mais comuns são o balão-fala, que apresenta todo o contorno em linha contínua, e o balão-pensamento, que apresenta o rabicho em forma de pequenas bolhas. Mas existem outros tipos de balão, como o balão-cochicho, feito com linhas pontilhadas, que transmite a ideia de que o personagem está falando baixinho, e o balão-grito, que geralmente tem o contorno tremido e traduz irritação, espanto, horror. Veja os exemplos:

- balão-grito

Fernando Gonsales/Acervo do cartunista

(Fernando Gonsales. *Nem tudo que balança cai!*. São Paulo: Devir, 2003. p. 40.)

- balão-uníssono

Fernando Gonsales/Acervo do cartunista

(Fernando Gonsales. *Nem tudo que balança cai!*. São Paulo: Devir, 2003. p. 7.)

- balão-pensamento

Ziraldo/Acervo do cartunista

(Ziraldo. *O Menino Maluquinho em quadrinhos — As tiras*. 5. ed. Porto Alegre: L&PM. p. 25.)

- balão-imagem

© 2016 Ziggy and Friends, Inc./Dist. by Andrews McMeel Syndication

(Tom Wilson. *Ziggy and Friends*. 2016.)

- balão-transmissão

(Ziraldo. *O Menino Maluquinho em quadrinhos — As tiras*. 5. ed. Porto Alegre: L&PM. p. 37.)

- balão-cochicho

(Mauricio de Sousa)

No texto dos balões se usa, em geral, letra de fôrma, maiúscula, desenhada à mão. Seu tamanho, cor e forma podem variar, como recurso usado pelo quadrinista para traduzir situações ou expressões que fogem ao normal, por exemplo, um tom de voz mais alto ou mais baixo, surpresa, irritação. Veja os exemplos:

(Ziraldo. *Curta o Menino Maluquinho*. São Paulo: Globo, 2007. v. 2, p. 31.)

Proposta 1

Nos quadrinhos abaixo, os balões estão vazios. Crie as falas dos personagens, de acordo com a sequência dos desenhos. Quando terminar, compare a fala que criou com as falas criadas pelos colegas.

(Ziraldo. *Curta o Menino Maluquinho*. São Paulo: Globo, 2007.)

Proposta 2

Observe a expressão do rosto e do corpo das personagens da história em quadrinhos a seguir e crie balões para ela. Procure fazer balões de diferentes tipos e usar diferentes letras. Lembre-se de que a linguagem empregada nas histórias em quadrinhos é informal, semelhante à que usamos no dia a dia. Além disso, as frases costumam ser curtas. Quando terminar, compare seus balões com os dos colegas.

(Mauricio de Sousa. Disponível em: http://turmadamonica.uol.com.br/donasdarua. Acesso em: 30/8/2022.)

Tempo e lugar

Nas histórias em quadrinhos, o tempo e o lugar costumam ser indicados pela própria imagem.

Observe no quadrinho ao lado, por exemplo, a cor clara no fundo e o sol brilhando mostram que a cena acontece durante o dia. O lugar é indicado pelo desenho da ilha.

(*Almanaque do Cebolinha*, nº 47.)

A legenda

Algumas histórias apresentam quadrinhos com legenda. Trata-se de um pequeno texto que descreve algum fato ou informa algo geralmente relacionado com o início da história ou com a ligação entre um quadrinho e outro. Na tira a seguir, a legenda indica a situação em que ocorrem os diálogos.

© Fernando Gonsales/Acervo do cartunista

(Fernando Gonsales. *Níquel Náusea — Tédio no chiqueiro*. São Paulo: Devir, 2006. p. 35.)

A legenda pode também caracterizar um personagem, indicar tempo, lugar, modo, etc. Nas legendas da tira abaixo, por exemplo, a expressão "Outro dia..." indica a passagem do tempo.

© Fernando Gonsales/Acervo do cartunista

(Fernando Gonsales)

As onomatopeias e as interjeições

Nas histórias em quadrinhos, as **onomatopeias** acrescentam sonoridade às imagens. É comum a utilização de duas ou mais onomatopeias para expressar o ruído de um mesmo fenômeno (**Pou!**, **Bonc!**, **Tum!**, **Tóim!**, para batidas, socos), ou uma única para expressar o som de vários objetos (**Trimmm**, para toque de telefone, de despertador ou de campainha).

As **interjeições** também aparecem em grande número nas histórias em quadrinhos. Têm o papel de expressar emoções, como **Viva!** (felicitação), **Ai!**, **Ui!** (dor), **Coragem!**, **Eia!** (animação), **Arre!**, **Irra!** (impaciência), **Ó!**, **Olá!**, **Alô!**, **Psiu!**, **Psit!** (apelo ou chamamento).

© Ziraldo/Acervo do cartunista

(Ziraldo. *Curta o Menino Maluquinho*, São Paulo: Globo, 2007. v. 2. p. 45.)

(Nik. *Gaturro*. Cotia: Vergara & Riba, 2008. v. 2, p. 9.)

(Fernando Gonsales. *Níquel Náusea — Tédio no chiqueiro*, São Paulo: Devir, 2006. p. 35.)

Cinema e quadrinhos

Muitos personagens saíram dos quadrinhos e foram para as telas de cinema, como Batman, Super-Homem, Flash Gordon, Dick Tracy, Capitão América, Fantasma e Homem-Aranha. Outros personagens nasceram no cinema e, posteriormente, passaram a viver outras aventuras nos quadrinhos, como Tarzan, Rafles, os caubóis Tom Mix e Roy Rogers. Além dos heróis já conhecidos internacionalmente, dos quadrinhos brasileiros foram para as telonas *O Menino Maluquinho*, de Ziraldo, nos anos 1990 e, mais recentemente, *A Turma da Mônica*, com os longas *Laços* e *Lições*. A mudança de uma linguagem para outra — dos quadrinhos para filmes e desenhos animados, e vice-versa — é muito comum, e esses personagens têm conquistado um público cada vez maior.

Capa do filme *Turma da Mônica: Laços* (2019), de Daniel Rezende.

AGORA É A SUA VEZ

Observe, no quadro a seguir, as onomatopeias e as interjeições. Escolha pelo menos uma onomatopeia e uma interjeição para criar uma HQ. Reproduza no caderno ou em uma folha avulsa em branco. Complete a história com quadrinhos de sua autoria ou de personagens conhecidos.

Filipe Rocha/Acervo da editora

Planejamento do texto

- Anotem quais serão os personagens e o que ocorrerá com eles.
- Pensem em qual será o objetivo de sua HQ: divertir, ensinar algo, criticar uma situação com humor, etc.
- Planejem quantos quadrinhos a HQ terá e qual será a cena de cada um deles.
- Planejem em que contexto as onomatopeias e interjeições selecionadas do quadro serão empregadas.
- Escolham um local e uma duração para a história.

Escrita

- Risquem, no caderno ou em uma folha de papel sulfite, os quadrinhos.
- Desenhem as cenas e os balões.
- Escrevam as falas.
- Se necessário, utilizem legendas.
- Procurem mostrar o comportamento dos personagens por meio do desenho.

Luís Sá e a função comunicativa didática das HQs

O cearense Luís Sá chegou ao Rio de Janeiro em 1931. Firmou-se logo com seu desenho original. Caras, corpos, árvores, casas: tudo redondo. A gurizada deliciava-se com as peraltices de Reco-Reco, Bolão e Azeitona, três moleques de cara de bolacha. Luís lançou seus personagens no *Tico-Tico*, jornal para leitores de calças e vestidos curtos. Foi um sucesso. Até o chiclete Ping-Pong vinha com figurinha dos personagens na embalagem.

Luís Sá também publicou historietas e fez charges políticas em que retratava com ironia aspectos da vida carioca.

(Adaptado de: *Almanaque Brasil de Cultura Popular*, ano 2, nº 22, jan. 2001.)

Luís Sá/Acervo particular

Luís Sá ilustrou livros e folhetos educativos nas áreas de saúde pública e prevenção de acidentes.

Mendez/Acervo particular

Revisão e reescrita

Antes de fazer a versão final da história em quadrinhos, observem se:

- o desenho mostra bem o local e o momento em que os fatos ocorrem;
- a sequência dos fatos está coerente;
- o desenho dos personagens os caracteriza bem;
- o rabicho dos balões está posicionado corretamente, indicando quem está falando ou pensando;
- a expressão facial dos personagens está de acordo com o comportamento que eles têm na história;
- os tipos de balão estão de acordo com as falas dos personagens;
- as onomatopeias e interjeições selecionadas estão empregadas de maneira coerente com o contexto;
- o texto verbal está legível.

Filipe Rocha/Acervo da editora

Modifiquem o que for necessário e troquem o texto com outro grupo, a fim de que um grupo leia o texto do outro e faça críticas e sugestões. Depois de fazer novas modificações, se concordarem com as críticas e sugestões dos colegas, pintem os desenhos e guardem a história em quadrinhos para expor na mostra **De quadrinho em quadrinho...**, proposta na **Oficina de Criação** desta unidade.

A descrição

Leia a história em quadrinhos a seguir, de Nik, com o personagem Gaturro.

(*Gaturro*. Cotia: Vergara & Riba, 2008. v. 1, p. 33.)

1. Gaturro é apaixonado pela gatinha Ágata, mas ela não liga para ele. No 1º quadrinho, Gaturro tenta conquistá-la, declarando-se para ela.

a) De que forma ele constrói sua declaração de amor?

____

____

b) A que classe de palavras pertencem palavras e expressões como **única**, **insubstituível**, **sem igual**, **onipresente** e **original**?

____

____

c) Como Ágata reagiu à tentativa de Gaturro de conquistá-la?

____

d) O que Gaturro diz a Ágata a surpreende? Justifique sua resposta com base nas falas dos personagens.

____

____

2. Observe o 3º quadrinho.

a) Como Ágata realmente se sente com a declaração de Gaturro? Justifique sua resposta com elementos verbais e não verbais desse quadrinho.

b) O que o comportamento de Gaturro, nesse quadrinho, sugere que ele vai fazer?

3. O último quadrinho surpreende o leitor.

a) Por que isso acontece? Responda considerando as palavras usadas por Gaturro na declaração que ele fez a Ágata.

b) O que a fisionomia de Ágata expressa no último quadrinho?

c) Em sua opinião, a Gatatrevida vai se deixar conquistar com os elogios de Gaturro?

4. Gaturro emprega o mesmo verbo tanto no 1º quadrinho, dirigindo-se a Ágata, quanto no 4º quadrinho, dirigindo-se à Gatatrevida, para descrever as duas gatinhas. Qual é ele?

5. As histórias em quadrinhos frequentemente usam onomatopeias, interjeições e imagens complementares.

a) O que significa, no contexto da história lida, a interjeição **Xô, Xô, Xô**?

b) Observe o coração vermelho, que aparece em todos os quadrinhos. O que ele sugere em cada quadrinho?

6. Escreva um pequeno texto, fazendo uma descrição de Gaturro.

Para conquistar Ágata, Gaturro procura ser gentil com ela e a elogia, fazendo uma **descrição** de suas qualidades. Segundo Gaturro, Ágata é especial, única, insubstituível, sem igual, onipresente e original.

Descrever é o mesmo que caracterizar uma pessoa, um objeto, um lugar, etc. por meio de adjetivos ou locuções adjetivas e verbos de estado (**ser**, **estar**, **parecer**, **continuar**, entre outros).

Leia, a seguir, um trecho de uma crônica de Paulo Mendes Campos.

Avental branco, **pincenê** vermelho, bigodes azuis, ei-lo, **grave**, aplicando sobre o peito descoberto duma criancinha um estetoscópio, e depois a injeção que a enfermeira lhe passa.

O avental na verdade é uma camisa de homem a bater-lhe pelos joelhos; os bigodes foram pintados pela irmã, a enfermeira; a criancinha é uma boneca de olhos **cerúleos**, mas já meio careca, que atende pelo nome de Rosinha; os instrumentos para exame e cirurgia saem duma caixinha de brinquedos.

Ela, seis anos e meio; o doutor tem cinco. Enquanto trabalham, a enfermeira presta informações [...]

(O médico e o monstro. Em: *Elenco de cronistas modernos*. 12. ed. Rio de Janeiro: José Olympio, 1992. p. 145.)

Biry Sarkis/Acervo da editora

cerúleo: azul-claro ou azul da cor do mar.

grave: sério, preocupado.

pincenê: óculos sem haste que se prendem ao nariz por meio de uma mola.

7. O texto descreve uma cena.

a) Quais são os personagens principais dessa cena?

____

____

b) O que eles estão fazendo?

____

____

____

8. Para caracterizar os personagens, o narrador faz uso da descrição.

a) Como o "doutor" é descrito? Que idade ele tem?

____

____

____

____

b) Como a "criancinha" é descrita? Por que ela é careca?

c) Quem é a enfermeira? Que idade ela tem?

9. Observe estas outras frases do texto:

- "O avental na verdade é uma camisa de homem a bater-lhe pelos joelhos"
- "a criancinha é uma boneca de olhos cerúleos, mas já meio careca"

a) Que verbo foi utilizado em ambas as frases para caracterizar o avental e a "criancinha"?

b) Em que tempo verbal esse verbo foi empregado?

10. Releia o texto, eliminando mentalmente as descrições do menino, da menina e da boneca. Qual é a diferença entre esse novo texto, sem as descrições, e o texto original?

CAPÍTULO 2

História em quadrinhos (II)

O GÊNERO EM FOCO

Leia esta história em quadrinhos, de Ziraldo:

© Ziraldo/Acervo do cartunista

EI, JU! POR QUE VOCÊ NÃO FAZ TAMBÉM?
É! IA FICAR O MÁXIMO!!
MMMM... SERÁ?
CLARO, GAROTA! A MAIORIA DAS MENINAS DA ESCOLA QUE TÊM O CABELO ENROLADO JÁ FEZ!
ISSO MESMO!
PUXA!
ALÉM DISSO, AS ATRIZES DAS NOVELAS TAMBÉM FAZEM!
...E AS APRESENTADORAS DE TV, AS MODELOS, CANTORAS, PROFESSORAS DE GINÁSTICA, MINHA MÃE, MINHA TIA!
MAS EU ADORO OS MEUS CABELOS COMO SÃO!
ORA, JU! NÃO SEJA BOBINHA! O ALISAMENTO NÃO É PERMANENTE! O CABELO VOLTA AO NORMAL DEPOIS DE ALGUM TEMPO!
AS MENINAS SÓ FAZEM PRA FICAR COM UM VISUAL DIFERENTE!
DIFERENTE?

Quem é
Ziraldo

Ricardo Borges/Folhapress

O escritor e cartunista Ziraldo nasceu em 1932, na cidade de Caratinga, em Minas Gerais, e aos 16 anos mudou-se para o Rio de Janeiro. Trabalhou em uma agência de publicidade, foi jornalista e autor de livros infantis antes de se tornar autor de histórias em quadrinhos.

Em 1960, lançou uma revista mensal chamada *Pererê*. Inventou personagens que ficaram famosos, como The Supermãe, Os Zeróis, O Canguru e Jeremias, o bom. Mais tarde, criou as revistas *O Menino Maluquinho* e *Julieta, a menina maluquinha*.

Entre seus livros para crianças estão: *O Menino Maluquinho, O planeta lilás, Flicts, Uma professora bem maluquinha, Outro como eu só daqui a mil anos, Vovó Delícia, O menino marrom, Menina Nina, Os meninos morenos*.

© Ziraldo/Acervo do cartunista

(*O diário da Julieta 1*. São Paulo: Melhoramentos, 2006.)

1. Julieta tem uma surpresa quando encontra as amigas Laura e Shirley. Qual é a surpresa?

____

2. Julieta diz a Laura que os cabelos encaracolados da amiga eram lindos. Como Laura, inicialmente, justifica a decisão de mudar os cabelos?

____

____

3. Shirley também chega com os cabelos alisados e, com a ajuda de Laura, tenta convencer Julieta a mudar o visual dos cabelos.

a) Que argumentos Shirley usa para convencer Julieta?

____

____

____

b) Quais sãos os argumentos de Laura?

c) Compare os argumentos apresentados pelas meninas: Eles são relacionados mais a fatores externos ou mais a uma necessidade da pessoa de se sentir bem?

4. Shirley aconselha Julieta: "aproveita que tá na moda! Depois a moda passa e você fica pra trás!". Qual é o sentido da expressão **fica pra trás** na fala de Shirley?

5. Laura diz: "As meninas só fazem pra ficar com um visual diferente!".

a) Julieta gosta de ser diferente? Justifique sua resposta com um trecho da história.

b) Por que, então, ela decide não fazer chapinha?

c) A decisão de Julieta é coerente com a opinião dela sobre "ser diferente"? Por quê?

6. Observe os sinais de pontuação do balão de fala de Shirley e Laura no último quadrinho.

a) O que os sinais significam, na situação? Que palavra ou expressão poderia substituí-los?

b) Em sua opinião, a decisão de Julieta fez com que Laura e Shirley refletissem sobre o que tinham feito? Por quê?

7. Laura e Shirley parecem ser bastante influenciadas pelos modelos de beleza que a mídia veicula, principalmente por apresentadoras de tevê, modelos, atrizes, cantoras e professoras de ginástica, além de familiares. Troque ideias com os colegas:

a) Crianças e adolescentes devem seguir as tendências da moda? Por quê?

b) Para uma pessoa se achar bonita e se sentir bem, ela precisa, necessariamente, fazer o que todas as outras pessoas fazem? Por quê?

8. O formato mais comum e tradicional dos quadrinhos é o retângulo, delimitado por linhas retas que servem para separá-los. Quantos quadrinhos tem a história que você leu?

9. Em gêneros narrativos ficcionais, como contos, lendas e fábulas, há um narrador que conta a história. Nas histórias em quadrinhos, como a história é contada? Marque a resposta adequada.

a) Por meio da imagem.

b) Por meio do diálogo entre os personagens.

c) Por meio da imagem e do diálogo entre os personagens.

10. Uma história em quadrinhos é uma narrativa que envolve fatos, personagens, tempo e espaço. Os fatos se organizam em sequência, em uma relação de causa e efeito. Observe, na história em quadrinhos que você leu, as ações das três garotas.

a) Qual é a expectativa de Laura e de Shirley quando elas apresentam argumentos em favor do alisamento de cabelo?

b) Qual comentário de Laura acabou provocando um efeito diferente do esperado?

c) As meninas que estavam alisando o cabelo realmente estavam ficando com o visual diferente?

11. Além de se basearem em uma relação de causa e efeito, os quadrinhos organizam os fatos da história no tempo e no espaço, isto é, dão ao leitor elementos que indicam **quando** e **onde** os fatos ocorrem.

a) Levante hipóteses: Em que lugar ocorre a história de Ziraldo? Que elementos do desenho indicam isso?

b) Que elementos do texto e das imagens permitem afirmar que essa história acontece durante o dia?

12. Observe o penúltimo quadrinho da história e responda:

© Ziraldo/Acervo do cartunista

a) Por que o mesmo balão tem rabichos apontados para Laura e Shirley?

b) Observe que, no penúltimo quadrinho, a palavra **quando** está destacada em negrito. Por que isso acontece?

13. Embora sejam um texto escrito, as histórias em quadrinhos costumam empregar uma linguagem que busca se aproximar da maneira como nos expressamos oralmente no dia a dia.

a) Qual é a finalidade desse emprego?

b) Identifique, na história em quadrinhos que você leu, alguns termos e expressões que mostram essa tentativa de aproximação da língua falada.

Não está no gibi!

No Brasil, toda revista de história em quadrinhos chama-se **gibi**. Sabe por quê? Em 1938, no Rio de Janeiro, foi lançada uma revista em quadrinhos com esse nome, que fez o maior sucesso entre crianças e adolescentes. A palavra **gibi**, que significa "moleque", caiu então na boca do povo e virou sinônimo de revista de história em quadrinhos. O sucesso da revista também deu origem à expressão **não estar no gibi**, que se refere a algo fora do comum, inacreditável.

Reprodução/Acervo particular

Capa do *Gibi Mensal*, nº 112. Capitão Marvel em: Mundos unidos. Rio de Janeiro: O Globo, 1950.

c) Nos trechos "Ficamos ma-ra-vi-lho-sas!" e "Mmmm... Será?", quais características indicam uma tentativa de aproximação entre a escrita e o modo como falamos? O que cada característica indica sobre as falas das personagens?

Proposta 1

Você provavelmente conhece Cascão, personagem de Mauricio de Sousa. Como todos sabem, Cascão odeia tomar banho. Leia a seguinte tira com o personagem.

(*Cascão*, n. 40, abr. 2010.)

Reconte em linguagem verbal a história lida.

Instruções

- Escreva um parágrafo situando os personagens no tempo e no espaço.
- Caracterize os personagens empregando adjetivos para descrever seus gestos e ações: esperto, astuto, entusiasmado, irônico, simpático, alegre, etc.
- Empregue o travessão antes das falas dos personagens.
- Dê ao texto um título que represente uma síntese de sua interpretação da história.

Proposta 2

Leia esta anedota:

— Doca, por que não veio à aula ontem?

— É que uma abelha me picou, professora!

— Ah, é? E onde?

— Não posso dizer...

— Tá bom, então vá sentar.

— Também não posso...

(Donaldo Buchweitz. *Piadas para você morrer de rir*. Belo Horizonte: Leitura, 2001. p. 99.)

Transforme a anedota em uma tira de três quadrinhos.

Planejamento do texto

- Imagine os personagens: quem são, como são caracterizados fisicamente.
- Planeje uma história em três quadrinhos.
- Planeje o cenário em que as cenas vão se passar: como é a sala de aula, se há outros alunos, qual é a localização e a expressão corporal e facial de cada personagem em cada quadro.
- Pense em um título para a história em quadrinhos.

Escrita

- No caderno ou em uma folha de papel sulfite, risque três quadrinhos.
- Em cada quadrinho, desenhe uma parte da anedota:
  - No 1º quadrinho, desenhe Doca e a professora e escreva em balões a fala de cada um.
  - No 2º quadrinho, desenhe novamente os personagens e escreva em balões a fala seguinte de cada um.
  - No 3º quadrinho, desenhe novamente os personagens, mas sugerindo a dor que o garoto está sentindo no local da picada.
- Procure mostrar o comportamento dos personagens por meio da expressão facial e dos gestos.
- Dê um título à história, incorporando-o ao topo do 1º quadrinho.

Revisão e reescrita

Antes de fazer a versão final da sua história em quadrinhos, observe:

- se o desenho mostra bem o local e o momento em que a situação ocorre;
- se o desenho dos personagens os caracteriza bem;
- se o rabicho de cada balão está posicionado corretamente, indicando quem está falando;
- se a expressão facial dos personagens está de acordo com o comportamento que eles têm na história;
- se o texto dos balões está legível.

Modifique o que achar necessário e troque o texto com um colega, a fim de que um leia o texto do outro e faça críticas e sugestões.

Depois de fazer novas modificações, se concordar com as críticas e sugestões do colega, pinte os desenhos e guarde-os para expor na mostra **De quadrinho em quadrinho...**, proposta na **Oficina de Criação** desta unidade.

Proposta 3

Crie uma tira, isto é, uma história com três ou quatro quadrinhos, com personagens imaginados por você.

Planejamento do texto

Siga as instruções dadas no capítulo anterior (página 27) que sejam adequadas a esta proposta.

Escrita

Siga as instruções dadas no capítulo anterior (página 27) que sejam adequadas a esta proposta. Procure ampliar os recursos utilizados com base no estudo feito neste capítulo.

Revisão e reescrita

Antes de pintar os desenhos, revise sua tira. Observe as orientações apresentadas no capítulo anterior (página 28) e se estão empregados adequadamente os tipos de balão, legenda, indicações de tempo e lugar, onomatopeias e interjeições, caso esses recursos tenham sido utilizados.

Depois de finalizar seu trabalho, guarde-o para expor na mostra **De quadrinho em quadrinho...**, proposta na **Oficina de Criação** desta unidade.

DE OLHO NA AGENDA 2030 DA ONU

Igualdade de gênero

A Agenda 2030 é um plano elaborado em 2015 na sede da ONU, por líderes de diversos países, que determinaram 17 Objetivos de Desenvolvimento Sustentável (ODS). A proposta da Agenda é tomar esses objetivos como metas a serem colocadas em prática por todo o mundo, a fim de que a sociedade trilhe um caminho sustentável, buscando a concretização dos direitos humanos, a erradicação da pobreza e a promoção de uma vida digna para todos, com educação, igualdade e consciência ambiental. Um desses 17 objetivos é a **Igualdade de gênero**.

Na história em quadrinhos lida na abertura deste capítulo, Julieta, Laura e Shirley conversam sobre seus cabelos e sobre possíveis mudanças em suas aparências. Você já leu alguma história em quadrinhos em que personagens masculinos se preocupassem com a própria aparência? Comente com os colegas e o professor.

Reprodução/www.brasil.un.org

Tal como Julieta e suas amigas, há personagens femininas nos quadrinhos, mas esse mundo das HQs ainda é dominado por cartunistas e personagens masculinos. Os quadrinhos de heróis ou super-heróis, por exemplo, apresentam apenas uma mulher em cada um dos principais grupos da Marvel e da DC Comics. Na Liga da Justiça, os personagens são Batman, Mulher-Maravilha, Super-

Reprodução/Marvel Studios e Walt Disney Studios

Capa do filme *Viúva Negra* (2021), de Cate Shortland.

Angel Boligán/Fotoarena

Homem, Flash, Lanterna Verde e Aquaman. No grupo dos Vingadores, temos como heróis e super-heróis Homem de Ferro, Hulk, Capitão América, Thor, Viúva Negra e Gavião Arqueiro.

Por um bom tempo, os quadrinhos e os filmes de heróis e de super-heróis trataram as personagens femininas como secundárias. Os criadores dessas histórias, em sua maioria, são homens. Hoje, essas personagens já ganharam mais espaço, inclusive com produções de filmes em que elas são as protagonistas.

Embora sejam, por si sós, exemplos da desigualdade de gênero em nossa sociedade, HQs e cartuns são usados para denunciá-la. Em 2018, no Dia Internacional da Mulher (08/03), a ONU Mulheres e a fundação Desenhando pela Paz (Cartooning for Peace) divulgaram uma série de charges que criticam as desigualdades de gênero. As charges foram tiradas do livro *Abram espaço para as mulheres!* (tradução livre de *Make Place for Women*). Uma das charges é a de Angel Boligan, ao lado, que mostra uma escada cheia de degraus estreitos a serem percorridos para que a personagem possa chegar a um púlpito e consiga falar. Com essa imagem, denuncia a dificuldade da mulher de alcançar cargos de destaque e de se fazer ouvir.

O cartum de Arionauro, abaixo, em um sentido semelhante, denuncia as diferenças entre o percurso de homens e de mulheres para seguir sua trajetória profissional.

Que tal criar heroínas ou super-heroínas mulheres? Pense nos poderes que elas podem ter, nos uniformes que podem usar e nas grandes aventuras de que poderiam ser protagonistas, lutando por quais causas e contra quais vilões.

E por que não produzir cartuns sobre a igualdade de gênero em nossa sociedade? **Cartuns** são textos não verbais, geralmente compostos só de desenhos ou de desenho e pouco texto verbal (como legenda ou como parte da própria ilustração de objetos que contenham texto escrito, por exemplo).

Arionauro/Acervo do cartunista

Reúna-se com os colegas, conversem sobre a desigualdade de gênero e pesquisem mais cartuns para se inspirarem.

Para a produção, sigam as orientações:

- Pensem em uma cena específica que possa retratar, denunciar ou desafiar a desigualdade entre homens e mulheres em nossa sociedade.
- Escolham qual ideia ou sentimento vocês querem representar com a cena.
- Determinem os personagens e o espaço em que a cena se passa.
- Avaliem se é necessário inserir alguma legenda curta ou palavra ou se o cartum será formado apenas pelo desenho.

Depois, mostrem as heroínas ou super-heroínas e troquem os cartuns entre si, para que vocês possam manifestar suas impressões e, se necessário, alterar as produções.

Os desenhos das heroínas ou super-heroínas e os cartuns poderão ser expostos em cartazes no lançamento da revista de quadrinhos da turma, no capítulo **Oficina de Criação**, ou ainda compor uma nova publicação.

O discurso direto e o discurso indireto

Leia esta tira, de Bill Watterson:

(*Tem alguma coisa babando embaixo da cama*. 2. ed. São Paulo: Conrad, 2010. p. 55.)

1. Calvin recebeu uma carta pelo correio e está contando ao seu amigo tigre o que está escrito nela.

a) Que tipo de carta Calvin recebeu?

b) Calvin parece acreditar no conteúdo da carta? Por quê?

c) E o tigre? Justifique sua resposta.

2. Compare estes dois enunciados da tira:

- A carta diz que se eu copiar e mandar para vinte pessoas, eu vou ter sorte.
- "Um homem em Denver fez vinte cópias e foi promovido. Um homem em Seattle quebrou a corrente e ficou careca."

Em um dos enunciados, Calvin lê exatamente o que está escrito, sem alterar nada; no outro, ele conta o que está escrito.

a) Qual dos enunciados é uma reprodução fiel do que estava escrito na carta? Que sinal de pontuação foi utilizado para demonstrar que essa fala é original, ou seja, que é o texto escrito na carta?

b) Em qual dos enunciados Calvin conta, com suas palavras, o que estava escrito na carta?

c) Em relação ao enunciado indicado por você no item anterior, imagine como ele foi escrito na carta e escreva-o.

d) Que mudanças você observa entre o que provavelmente foi escrito na carta e o enunciado lido por Calvin?

O gerenciamento de vozes

Em grande parte dos textos que lemos, como contos, notícias, reportagens, é comum haver mais de uma voz. Na tira lida, por exemplo, há três vozes: a de Calvin, a do tigre e a de quem escreveu a carta. A fim de deixar claro para o leitor quem diz o quê, é necessário que o autor do texto **gerencie as vozes** de forma adequada.

Na tira em estudo, o autor faz uso de dois recursos de gerenciamento de vozes: o discurso direto e o discurso indireto. Emprega o **discurso direto** no 2º e no 4º quadrinhos, para reproduzir fielmente o que estava escrito na carta, delimitando esses enunciados por meio de aspas. No 1º quadrinho, emprega o **discurso indireto**, no qual Calvin usa o verbo **dizer** para introduzir o conteúdo da carta e contar com suas palavras o que leu, sem se preocupar em fazer uma transcrição exata do que estava escrito.

Em gêneros narrativos ficcionais, isto é, em textos que contam uma história fictícia, como histórias em quadrinhos, contos, fábulas, é comum serem empregados os dois tipos de discurso para reproduzir as falas dos personagens.

3. Releia este quadrinho da história reproduzida no início do capítulo:

© Ziraldo/Acervo do cartunista

Se quiséssemos passar a fala das personagens para o discurso indireto, uma das possibilidades seria esta:

Shirley disse que, além disso, as atrizes das novelas também faziam. Laura acrescentou que as apresentadoras de TV, as modelos, as cantoras, as professoras de ginástica, sua mãe e sua tia [também faziam]. Julieta respondeu que, apesar disso, adorava os seus cabelos como eram.

a) Em que tempo está a forma verbal **fazem** na fala de Laura? No discurso indireto, para que tempo essa forma verbal passou?

b) O que aconteceu com o pronome possessivo **minha** da fala de Laura?

c) O que ocorreu com o pronome pessoal **eu** da fala de Julieta?

d) Para que tempo foram as formas verbais **adoro** e **são**, da fala de Julieta?

4. Leia esta anedota:

Na hora do recreio, dois garotos vão até a enfermaria da escola.

— O que houve? — pergunta a enfermeira.

— É que eu engoli uma bola de gude — responde um dos garotos.

— E você? — a enfermeira pergunta ao outro garoto.

— A bola é minha. Estou esperando por ela.

(Paulo Tadeu. *Proibido para menores — As melhores piadas para crianças*. 8. ed. São Paulo: Matrix, 2007. p. 30.)

Filipe Rocha/Acervo da editora

A anedota constrói humor a partir da quebra de expectativa. Explique como se dá essa quebra de expectativa.

5. Observe que o gerenciamento de vozes na anedota se dá por meio do uso do discurso direto.

a) Qual é a fala do narrador?

b) Que sinal de pontuação introduz a fala dos personagens?

c) Que sinal de pontuação separa a fala dos personagens da fala do narrador?

6. Depois de reproduzir falas de personagens, é comum o narrador empregar verbos *dicendi*, isto é, verbos que esclarecem quem acabou de falar e como falou. São verbos como **responder**, **retrucar**, **indagar**, **declarar**, **exclamar**, **comentar**. Identifique os verbos *dicendi* empregados na anedota.

7. Junte-se a um colega e reescrevam a anedota, passando o discurso direto para o discurso indireto. Consultem o boxe à direita e façam as adaptações que julgarem necessárias.

Do discurso direto para o discurso indireto

Na passagem do discurso direto para o discurso indireto, ocorrem estas transformações:

- Verbos no presente passam para o pretérito imperfeito: quero → queria.
- Verbos no pretérito perfeito passam para o pretérito mais-que-perfeito: veio → tinha vindo, viera.
- Pronomes de 1ª pessoa passam para a 3ª pessoa: eu, meu, este → ele, seu (dele), aquele.
- O pronome demonstrativo **aqui** passa para **ali**.
- Advérbios e locuções adverbiais como **agora**, **hoje**, **esta noite** passam, respectivamente, para **naquele momento**, **naquele dia**, **naquela noite**.

8. Agora, comparem a versão original da anedota, em que foi feito uso do discurso direto, e a versão que vocês criaram, em que foi feito uso do discurso indireto, e concluam:

a) Qual das versões torna a situação mais viva e próxima dos leitores?

b) Considerando que a finalidade das anedotas é, em geral, criar humor e que elas normalmente se valem do elemento surpresa para isso, qual dos dois tipos de discurso atende melhor a esse objetivo? Por quê?

CAPÍTULO 3 História em quadrinhos (III)

O GÊNERO EM FOCO

Leia esta tira, de Alexandre Beck:

(*Armandinho Quatro*. Florianópolis: A. C. Beck, 2015. p. 27.)

1. Do que Armandinho reclama nos dois primeiros quadrinhos da tira?

2. Entre o último quadrinho da tira e o primeiro, há uma oposição criada pelos sentidos do verbo **alcançar**.

a) Qual é o sentido do verbo **alcançar** no primeiro quadrinho?

b) De que forma se dá o alcance das estrelas no último quadrinho?

3. Observe as expressões faciais de Armandinho e do sapo nos três quadrinhos. Que alterações você percebe?

4. Observe e compare os três quadrinhos que compõem a tira.

a) O que muda nos cenários, de um quadrinho para outro?

____

____

____

b) O que muda no desenho do garoto, de um quadrinho para o outro?

____

____

____

c) Você considera os quadrinhos de Armandinho simples ou complexos quanto à construção? Justifique sua resposta.

____

____

____

Como se faz uma história em quadrinhos

Os personagens

Antes de fazer uma história em quadrinhos, é necessário criar os personagens, desenhando-os e, ao mesmo tempo, já ir imaginando suas características, isto é, como eles serão fisicamente, como será seu comportamento, como falarão, etc. A personagem Mônica, por exemplo, é forte e costuma bater no Cascão e no Cebolinha com seu coelhinho de pelúcia, o Sansão, todas as vezes que eles zombam dela; é boa e companheira, além de ser amiga inseparável de Magali. Essas características são sempre as mesmas em todas as histórias em que Mônica é personagem.

(Mauricio de Sousa)

Crie uma história em quadrinhos com Mauricio de Sousa

No *site* www.dentrodahistoria.com.br/turma-da-monica-abc/avatar, os estúdios de Mauricio de Sousa ajudam você a criar seu personagem (definindo características físicas, roupas, etc.) e a criar um livro com os personagens da Turma da Mônica. Você vai ver seu personagem interagir com Mônica, Cebolinha e toda a turma. Vale a pena acessar e brincar. Convide também seus pais para participar dessa aventura.

Você poderá criar quadrinhos *on-line* também nos *sites*:

- https://www.canva.com/pt_br/criar/tirinhas/
- https://www.pixton.com/br/

Quando lemos uma história em quadrinhos, nós **vemos** os personagens e, portanto, sabemos como eles são fisicamente. Suas características psicológicas nos são reveladas por suas ações, expressões e gestos, pela maneira como se comportam e se vestem, pelo que falam, etc. Esses traços aparecem nos desenhos e nas atitudes, nas falas e nos pensamentos dos personagens.

O desenhista se vale das características tanto físicas quanto psicológicas dos personagens para criar suas histórias.

O primeiro e o último quadrinhos

O **título** de uma história em quadrinhos é colocado geralmente antes do primeiro quadrinho ou é incluído nele, acima dos personagens. Às vezes, antes do título, aparece também o nome do personagem, como nos quadrinhos abaixo.

Quando não há título, é comum aparecer no primeiro quadrinho ou antes dele o nome do personagem principal, como na história.

Os títulos costumam ser escritos com letras bem maiores que as letras dos textos dos balões. Elas apresentam formatos variados e podem também conter um desenho, constituído por algum detalhe relacionado com o assunto da história. Veja os exemplos abaixo.

(*Mônica*, n. 21, p. 44.)

(*Chico Bento*, n. 1, p. 4.)

Embora muitos trechos das histórias em quadrinhos possam ser engraçados, é geralmente no último quadrinho que se dá o ponto alto da história, ou seja, o momento mais engraçado.

A maioria das histórias em quadrinhos costuma apresentar no último quadrinho a palavra **fim**. Veja o exemplo abaixo.

(*Chico Bento*, n. 5, p. 97.)

As etapas da produção

Antes de ficar pronta para ser publicada, uma história em quadrinhos passa por várias etapas.

O argumento e o esboço

Primeiro, o argumentista (um desenhista ou um escritor) faz um pequeno texto, chamado argumento, uma espécie de resumo da história, e um rascunho, já dividido em quadrinhos e na sequência correta, em que traça o esboço dos personagens, escreve suas falas, seus pensamentos e as legendas e dá indicações sobre o cenário.

© Jean Galvão/Acervo do cartunista

O desenho

O desenhista recebe o material, com o texto revisado, e desenha os quadrinhos. Geralmente, desenha a lápis, para facilitar correções.

© Jean Galvão/Acervo do cartunista

O acabamento

Finalmente, o arte-finalista faz o acabamento. Com tinta nanquim preta, cobre os desenhos, incluindo os balões, as falas, os pensamentos e as legendas; depois, limpa as marcas de lápis e faz retoques. A última etapa fica por conta do colorista, que aplica as cores nos desenhos.

© Jean Galvão/Acervo do cartunista

© Jean Galvão/Acervo do cartunista

AGORA É A SUA VEZ

Vamos fazer histórias em quadrinhos? Para isso, vocês vão trabalhar em grupos.

Proposta 1

Criem uma história em quadrinhos a partir de personagens de gibis velhos.

Instruções:

- Recortem cinco ou mais personagens de diferentes gibis.
- Coloquem-se no papel de argumentistas e imaginem uma história da qual participem todos os personagens recortados. Façam um esboço dos quadrinhos, indicando a sequência da história, o lugar onde ficarão os personagens, as falas dos balões, as onomatopeias.
- Em uma folha de papel sulfite, desenhem os quadrinhos, colem os personagens, desenhem os balões, escrevam as falas, as onomatopeias, se houver, e completem com o que vocês julgarem necessário, incluindo detalhes do cenário e cores.
- Escrevam o título da história e o nome dos autores.

Esboço da proposta 1:

Proposta 2

Criem uma história em quadrinhos a partir de contos maravilhosos e/ou fábulas conhecidas. Vejam como os quadrinistas Fernando Gonsales e Mauricio de Sousa fizeram isso:

(Fernando Gonsales)

(Fernando Gonsales)

(Mauricio de Sousa)

(Mauricio de Sousa)

Proposta 3

Crie uma tira partindo desta fábula, de Esopo:

A leoa e a raposa

Uma leoa disse à raposa que a reprovava por só ter dado à luz um filhote:

— Um só, mas um leão!

O bem deve ser medido não pela quantidade, mas por seu valor.

(*Fábulas*. Porto Alegre: L&PM, 1999. p. 33.)

Planejamento do texto

- Escolham um dos contos maravilhosos ou uma das fábulas que vocês conhecem. Se necessário, façam uma pesquisa e selecionem as histórias que sejam mais adequadas para adaptação.
- Coloquem-se no papel de argumentistas e criem uma história que faça referência ao conto ou à fábula escolhida. Vocês podem utilizar personagens como princesas, príncipes, reis, rainhas, bruxas, fadas, objetos mágicos, animais que falam, etc. e um trecho conhecido da história, introduzindo nele algo do mundo atual.
- Façam um esboço dos quadrinhos (três ou quatro), indicando a sequência da história, o lugar onde ficarão os personagens, as falas dos balões, as onomatopeias.

Escrita

- Em uma folha de papel sulfite, desenhem os quadrinhos, os personagens e os balões.
- Escrevam as falas, as onomatopeias, se houver, e completem com o que vocês julgarem necessário, incluindo detalhes do cenário.
- Coloquem o título da história, que deve ter relação com o conto ou a fábula, e o nome dos autores.
- No último quadrinho, incluam a palavra **FIM**.

Revisão e reescrita

Antes de fazer a versão final da história em quadrinhos, observem:

- se o desenho mostra bem o local e o momento em que os fatos ocorrem;
- se a sequência dos fatos está coerente;
- se o desenho dos personagens os caracteriza bem;
- se o rabicho dos balões está posicionado corretamente, indicando quem está falando ou pensando;
- se a expressão facial dos personagens está de acordo com o comportamento que eles têm na história;
- se o texto verbal está legível;
- caso haja onomatopeias, se elas estão bem-empregadas;
- se o título da história é atraente e sugestivo.

Modifiquem o que for necessário e troquem o texto com outro grupo, a fim de que um grupo leia o texto do outro e faça críticas e sugestões. Depois de fazer novas modificações, se concordarem com as críticas e sugestões dos colegas, pintem os desenhos e guardem a história em quadrinhos para expor na mostra **De quadrinho em quadrinho...**, proposta na **Oficina de Criação** desta unidade.

Esboço da proposta 2:

Esboço da proposta 3:

OFICINA DE CRIAÇÃO

Projeto » De quadrinho em quadrinho...

Há, a seguir, algumas sugestões de atividades: montagem de uma revista de quadrinhos, produção de cartazes e criação de uma história em quadrinhos digital. Depois de realizadas as atividades, a turma deverá expor os trabalhos em uma mostra, intitulada **De quadrinho em quadrinho...**

1. Revista de quadrinhos

Junte-se aos colegas de grupo com os quais trabalhou nesta unidade e sigam estas instruções para montar uma revista com histórias em quadrinhos:

- Reúnam os seguintes textos produzidos nesta unidade, em grupo ou individualmente: a história em quadrinhos com diferentes tipos de balão, legenda, indicações de tempo e lugar, onomatopeias e interjeições, no capítulo 1; anedota transformada em tira, no capítulo 2; a história em quadrinhos criada a partir de personagens recortados de gibis velhos e a criada a partir de contos maravilhosos e fábulas, no capítulo 3.

© Ziraldo Alves Pinto/ Acervo do cartunista

- Decidam o suporte a ser utilizado: revista digital ou revista em papel. No caso de revista digital, pensem na apresentação e no formato, se ela será interativa ou não, se haverá música, fundos coloridos, etc. No caso de revista em papel, escolham um formato. Por exemplo, vocês podem utilizar papel sulfite A4 deitado e dividido ao meio, papel A4 em pé, ou optar por um formato diferente.

© Mauricio de Sousa/Mauricio de Sousa Editora Ltda.

- Conversem sobre a melhor sequência para ordenar todo o material e comecem a visualizar a revista, dispondo as histórias em folhas avulsas.
- Deem título às histórias e coloquem a palavra **FIM** no último quadrinho, caso isso não tenha sido feito.
- Criem uma capa para a revista. Ela poderá ser feita em cartolina ou em papel mais grosso, e nela deverá aparecer, em destaque, a figura de um personagem ou uma cena de uma das histórias que compõem a revista.

Fernando Gonsales/ Acervo do cartunista

- Inventem um nome para a revista e escrevam-no no topo da capa.
- Coloquem o nome dos autores em lugar de destaque na capa.
- Exponham a revista na mostra com as dos outros grupos. Se ela for digital, será necessário apresentá-la em um *notebook* ou em um *tablet*.
- Depois da mostra, criem, com os colegas dos outros grupos, um sistema para empréstimo das revistinhas.
- Se acharem interessante, fundem um clube de admiradores de histórias em quadrinhos. O clube poderá ter como sócios colecionadores de gibis, desenhistas, fãs e criadores de fanzines e mangás e, naturalmente, muitos leitores de histórias em quadrinhos. Ah! Não se esqueçam: um clube de fãs de quadrinhos não pode deixar de ter uma biblioteca com livros e revistas especializadas em quadrinhos, cartuns, etc.

Photo12/Alamy/Fotoarena

2. A linguagem dos quadrinhos em cartaz

A turma deve ser dividida em seis grupos, e todos os alunos devem ter em mãos um bom número de gibis velhos, tesoura, cola, cartolina, canetas pretas e coloridas.

Grupo 1: Recortem quadrinhos com balões de todos os formatos. Colem-nos em uma cartolina e deem títulos a eles: balão-fala, balão-pensamento, balão-grito, balão-uníssono, etc.

Grupo 2: Recortem quadrinhos de diferentes formatos e tamanhos: retangulares, quadrados, com a moldura interrompida ou irregular. Colem os quadrinhos em uma cartolina, dispondo-os artisticamente, de maneira a formar um painel.

Grupo 3: Recortem um bom número de personagens e colem-nos em cartolinas. Ao lado ou embaixo de cada um, escrevam um pequeno texto dando informações sobre ele: nome, revista à qual pertence, características mais marcantes, quem são seus amigos, qual é o seu bicho de estimação, etc.

Grupo 4: Recortem quadrinhos que contenham textos escritos com letras de diferentes formas e tamanhos. Colem os quadrinhos em uma cartolina, dispondo-os de maneira a formar um painel.

Filipe Rocha/Acervo da editora

Grupo 5: Recortem quadrinhos que contenham títulos escritos com letras de diferentes formas e tamanhos. Colem os quadrinhos em uma cartolina, dispondo-os de maneira a formar um painel.

Grupo 6: Recortem quadrinhos com onomatopeias. Colem os quadrinhos numa cartolina, dispondo-os artisticamente e escrevendo, ao lado ou embaixo deles, o que cada uma das onomatopeias expressa.

Prontos os cartazes, deem um título a cada um, de acordo com o assunto trabalhado.

3. Quadrinhos na net!

Entrem em um dos *sites* indicados ao lado e, seguindo as orientações nele apresentadas, criem uma história em quadrinhos. No dia da mostra, usando um computador, apresentem sua criação aos visitantes e expliquem como funciona o programa de criação de história em quadrinhos pela internet.

- https://www.storyboardthat.com/pt/criador-de-quadrinhos
- www.makebeliefscomix.com
- www.pixton.com/br/
- www.meugibi.com

4. Como montar a mostra

Com a orientação do professor, escolham um local na escola para montar a mostra. Afixem os cartazes e distribuam em mesas ou varais as revistas de histórias em quadrinhos produzidas pela turma.

Se houver possibilidade, instalem no local computadores ou aparelhos de DVD e TV e apresentem alguns dos filmes indicados na seção **Fique ligado! Pesquise!** ou outros com heróis ou super-heróis de quadrinhos.

Se quiserem, fantasiem-se como personagens de quadrinhos e, durante a mostra, orientem os convidados, fazendo comentários sobre o material em exposição.

Façam uma ampla divulgação da mostra, convidando professores, funcionários da escola, colegas de outras turmas, pais, familiares e amigos para visitá-la. Se quiserem, confeccionem convites e distribuam-nos para pessoas da comunidade.

UNIDADE

2 Eu no mundo em rede

Esta unidade de ensino contempla:

11 habilidades da BNCC

Habilidades do campo jornalístico-midiático, com foco na criação de resenhas e de alguns gêneros digitais.

6 gêneros textuais

Vlog, diário, resenha crítica, comentário de internet, dicas e tutorial.

2 recursos: Para falar e escrever com adequação

Variedades linguísticas; o papel dos *hiperlinks* em textos digitais.

87 atividades: compreensão, interpretação, oralidade e escrita

Diversas atividades individuais e em grupo; propostas de criação de *vlogs*, resenhas, dicas, tutoriais e comentários.

Projeto: Oficina de Criação

Participar com os colegas da criação de um *blog* comunitário.

Tecnologia

Nem o computador
Nem o celular
Acessou a infância com o telefone de lata

(Noé Ribeiro. *Múltiplas vozes.* São Paulo: Estúdio Editores.com, 2017. p. 63.)

Alohaflaminggo/Shutterstock

FIQUE LIGADO! *Pesquise!*

Reprodução/20th Century Studios/Walt Disney Animation Studios

Ron Bugado, de Sarah Smith e Jean-Philippe Vine; *A família Mitchell e a revolta das máquinas*, de Michael Rianda e Jeff Rowe; *Next gen*, de Kevin R. Adams e Joe Ksander; *O date perfeito*, de Chris Nelson; *Mens@gem para você*, de Nora Ephron; *A nova Cinderela*, de Mark Rosman; *Quanto tempo o tempo tem*, de Adriana L. Dutra; *Eu fico loko*, de Bruno Garotti; *WiFi Ralph – Quebrando a internet*, de Rich Moore e Phil Johnston.

Reprodução/Editora Seguinte

Últimas mensagens recebidas, de Emily Trunko (Seguinte); *Um e-mail em vermelho*, de Eliana Martins e Manuel Filho (Saraiva); *Mano descobre o @mor*, de Gilberto Dimenstein e Heloisa Prieto (Senac/Ática); *33 ciberpoemas e uma fábula virtual*, de Sérgio Capparelli (L&PM); *Só entre nós — Abelardo e Heloísa*, de Júlio Emílio Braz e Janaina Vieira (Saraiva); *romeu@julieta.com.br*, de Telma Guimarães (Saraiva); *Bilhetinhos*, de Júlio Emílio Braz (Saraiva); *O blog da Marina*, de Janaina Vieira e Júlio Emílio Braz (Saraiva); *Férias na Antártica*, de Laura, Tamara e Marininha Klink (Peirópolis); *Olá, Ruby: Uma aventura pela programação*, de Linda Liukas (Companhia das Letrinhas).

- https://www.blogger.com/about/?hl=pt-br
- www.youtube.com
- www.museudapessoa.org

Reprodução/Museu da Pessoa/SESC

Capa do catálogo da exposição "Qual é o seu legado? 30 anos de Museu da Pessoa".

FIQUE LIGADO! *Escreva!*

Escolha um dia em que você vá realizar uma atividade diferente da sua rotina habitual e escreva um texto compartilhando com os colegas alguns dos momentos mais interessantes. Conte qual foi essa atividade, quando e por que você a realizou, quem estava com você, quais eram seus objetivos e expectativas ao realizá-la, etc. Conte também como você se sentiu depois desse dia, se essa atividade afetou a sua vida de alguma forma, negativa ou positivamente, e por quê. Depois que terminar, passe a limpo seu texto e defina com o professor a melhor forma de compartilhá-lo com a turma: vocês podem publicá-lo em um *blog* fechado, ler o texto em voz alta, disponibilizá-lo em um mural, ou como julgarem mais conveniente.

Relatando a vida cotidiana e o ponto de vista sobre as coisas do mundo

No mundo da tecnologia, muitos gêneros textuais entraram em desuso por causa da facilidade e da rapidez com que as mensagens eletrônicas são trocadas. A carta, por exemplo, foi usada durante séculos para aproximar as pessoas, mas, hoje, com as mensagens trocadas via *e-mail*, aplicativos de troca de mensagens, redes sociais e outros meios eletrônicos, ela deixou de ser utilizada por grande parte das pessoas e se mantém apenas em situações bem específicas. O diário com registros do cotidiano, por sua vez, migrou para os meios eletrônicos e tem assumido diferentes formatos.

O ser humano é um animal social, isto é, que vive em sociedade e partilha seu dia a dia com outros seres humanos. Entretanto, cada pessoa tem uma história individual, fruto de suas vivências, experiências, emoções e desejos, de suas ideias e sua forma de ver e sentir o mundo. Textos como a carta pessoal, o diário, as memórias, os cartões-postais, o *e-mail*, o *vlog*, as postagens nos *blogs* e em redes sociais, como o Instagram, foram surgindo na sociedade e sendo constantemente modificados pelo ser humano para suprir sua necessidade de compartilhar histórias reais vividas por pessoas como nós.

Você acompanha algum blogueiro ou vlogueiro na internet? Costuma procurar resenhas para conhecer opiniões de outras pessoas sobre um filme, jogo, livro, evento ou produto? E já escreveu ou leu um diário? Compartilhe com o professor e os colegas as experiências que você já teve com textos ou vídeos de blogueiros da internet. Procure também imaginar como seria seu diário: que tipo de informações registraria? Seria mais introspectivo, com reflexões sobre os acontecimentos que viveu e as emoções que sentiu, ou mais objetivo, contando como foram as atividades que você realizou em cada dia? Converse com os familiares mais velhos e pergunte a eles se costumavam escrever diários ou agendas e como faziam isso. Se possível, resgate algum desses diários ou agendas e leve para a sala de aula, a fim de mostrá-lo para a turma. Troque esse material com os colegas, leia-o e converse sobre ele, compartilhando impressões e experiências. Depois, leia os textos a seguir.

Filipe Rocha/Acervo da editora

Diários, *blogs* e *vlogs* ao longo do tempo: o privado e o público

O diário é uma espécie de agenda pessoal onde são registrados, sempre que possível diariamente, resumos do que se faz ou do que acontece em cada dia, além de fatos, impressões e confissões. A principal característica do diário é a confidência, definida pela contradição entre a vontade de falar e a de guardar segredo. Em princípio, o locutor e o destinatário de um diário são a mesma pessoa. Entretanto, muitos diários tornam-se públicos por conter experiências pessoais vividas em determinado período histórico marcante para a humanidade e que podem mostrar, com maior veracidade, o outro lado dos fatos. É o caso de O diário de *Anne Frank*, em que uma menina relata quase diariamente os horrores da Segunda Guerra Mundial.

Mais recentemente, com a internet, surgiram as postagens em redes sociais, como Facebook e Instagram, e as postagens de *blogs* e *vlogs*. Todos esses gêneros, com formas de produção muito variadas, têm em sua essência bastante semelhança com o diário, pois neles os locutores também relatam momentos de seu dia a dia, suas vivências, expõem suas opiniões e pontos de vista sobre determinados assuntos. Entretanto, enquanto o diário é íntimo e guardado a sete chaves, os gêneros digitais estão na internet e, ainda que com algumas possibilidades de restrição impostas pelo autor, são públicos e podem ser lidos ou vistos por muitas pessoas.

Irina Strelnikova/Shutterstock

Crítica e ponto de vista: resenhando o mundo

A resenha crítica é um texto frequentemente encontrado na esfera jornalística, divulgando o ponto de vista de jornalistas ou profissionais especializados sobre diferentes produtos culturais. Com a modernização e a massificação dos jornais e das revistas, a crítica jornalística começou a ser feita de forma mais leve e superficial, levando alguns intelectuais a defender que, mais do que conter uma impressão ligeira ou gosto pessoal do autor, uma resenha crítica deveria ser feita com base em elementos técnicos, análise acurada, bem-fundamentada e consistente da obra resenhada. Assim, as resenhas assumem um caráter mais científico e passam a circular também em meios acadêmicos e editoriais, para além das notas jornalísticas. Nos dias atuais, com a grande difusão da internet e das redes sociais, é comum encontrarmos as denominações *resenha* e *review*, relativas não apenas à apreciação de produtos culturais como também a outros tipos de bens, entre os quais cosméticos, eletroeletrônicos, brinquedos, itens de moda, etc.

Como eu faço?

Você já precisou recorrer a algum texto para aprender a fazer algo que não sabia? Quais textos você procura quando se vê em uma situação como essa? Hoje em dia, com a internet e as novas tecnologias, textos com dicas e tutoriais vêm ganhando cada vez mais prestígio entre pessoas que precisam ou desejam aprender a realizar alguma tarefa. Os tutoriais provavelmente têm origem em um processo de adaptação dos manuais de instrução, textos que circulam em livretos ou folhetos, acompanhando aparelhos eletroeletrônicos, objetos desmontáveis, brinquedos e equipamentos variados.

O.darka/Shutterstock

Os manuais trazem instruções de como montar e utilizar um objeto e apresentam procedimentos necessários para sua manutenção, entre outras indicações de comandos para os leitores executarem, a fim de realizar a atividade desejada. Com a popularização da internet, não é preciso ser um grande especialista para produzir um tutorial ou um texto com dicas para realizar uma tarefa. Você já fez algum? Que tal tentar?

OFICINA DE CRIAÇÃO

Projeto » Comunicação em rede: eu e o mundo

Nesta unidade, você vai participar, com os colegas, da criação de um *blog* comunitário da turma, no qual serão publicados os textos produzidos por vocês: *vlogs*, trechos de diários, resenhas, dicas, tutoriais e comentários.

Filipe Rocha/Acervo da editora

O *vlog* e o diário

O GÊNERO EM FOCO

O *vlog*

Você costuma assistir a *vlogs* em canais de plataformas de vídeos da internet? Você já gravou algum *vlog*? Muitos profissionais influenciadores digitais e criadores de conteúdo na internet têm canais em que publicam vídeos em formatos variados, sendo o *vlog* um deles. Assista aos dois vídeos a seguir para responder às questões.

Reprodução/Youtube/Patricia Lima

Reprodução/Youtube/Gabi

1. Os dois vídeos que você viu são intitulados ***vlogs***. Os *vlogs* derivam dos *blogs*, que, embora atualmente tenham se diversificado bastante, começaram como uma versão pública dos antigos diários, nos quais internautas publicavam registros de seu dia a dia.

a) Quais fatos estão registrados nos dois *vlogs* em estudo?

____

____

b) Os *vlogs* vistos fazem registros de um dia comum ou de um dia especial para as vlogueiras ou *vloggers*? Justifique sua resposta com base no conteúdo dos dois vídeos.

2. As duas *vloggers* começam e terminam seus vídeos interagindo com os espectadores de forma semelhante.

a) O que cada uma diz diretamente aos espectadores no início e no final do vídeo?

Vlog 1 — início:

final:

Vlog 2 — início:

final:

b) Quais termos e expressões são utilizados para se referir aos espectadores nas partes inicial e final dos vídeos? Esse emprego dá um tom mais formal ou informal ao vídeo? Justifique suas respostas.

c) Compare os termos utilizados pelas vlogueiras no início e no final de cada vídeo; depois, troque ideias com os colegas e o professor sobre as diferenças entre eles e levante hipóteses: por que há essa mudança?

Cenas da vida real

JuliusKielaitis/Shutterstock

O primeiro vídeo publicado no YouTube, "Me at the zoo", foi enviado à plataforma em 2005, tem 19 segundos de duração e mais de 240 milhões de visualizações. De lá para cá, o YouTube cresceu muito e se tornou uma das maiores referências de busca de informações e de entretenimento do mundo. Os videoclipes de música são o conteúdo mais acessado da plataforma, mas há diversos tipos de vídeo publicados, tendo ela se tornado o ambiente de trabalho de muitos influenciadores digitais ou produtores de conteúdo *on-line*. O *site* Influencer Marketing Hub selecionou outros 12 principais tipos entre os diversos formatos de vídeos publicados no YouTube, sendo eles: animais engraçados; tutoriais de jogos; guias e tutoriais variados; resenhas; fofocas de celebridades; *vlogs*; comédia; compras/Hauls; *unboxing*; educacionais; paródias; pegadinhas. Você costuma assistir a vídeos desses tipos? Quais?

3. Releia os títulos e as frases escritas nas chamadas *thumbnails*, capas em miniatura que anunciam cada um dos *vlogs* em estudo:

- *Vlog* da bienal do livro 2022 e o que eu comprei lá
- Eu fui na bienal do livro
- Fiz comida brasileira pros meus amigos na Coreia – *Vlog*
- Coreano experimentando estrogonofe pela primeira vez

a) Os títulos dos dois vídeos procuram despertar a curiosidade dos interlocutores. Levante hipóteses: quais trechos dos títulos têm esse apelo? Justifique sua resposta.

____

____

____

____

____

____

b) Duas dessas frases contêm construções comuns à fala brasileira, mas que divergem das regras da norma-padrão formal. Identifique-as e, em seguida, troque ideias com os colegas e o professor: quais efeitos de sentido esses trechos constroem no contexto?

____

____

____

c) Conforme anunciado já no título, um dos vídeos contém, além de registros da visita à bienal, uma parte final com outro tipo de conteúdo. Qual é esse outro tipo de conteúdo e qual expressão do título faz referência a ele?

____

____

____

4. É possível perceber que os dois vídeos passaram por edição. Entre os efeitos listados a seguir, indique com o número 1 os que foram utilizados no primeiro vídeo e com o número 2 os que foram utilizados no segundo vídeo.

- [ ] Legenda
- [ ] Animação
- [ ] Música de fundo
- [ ] Narração de fundo
- [ ] Câmera lenta
- [ ] Câmera acelerada
- [ ] Efeitos de imagem na tela junto com o vídeo

Vídeo 1

Reprodução/Youtube/Patricia Lima

Vídeo 2

Reprodução/Youtube/Gabi

5. Observe a forma como as duas *vloggers* interagem em cada vídeo.

a) Elas mesmas filmam ou outra pessoa filma?

____

b) Como elas interagem com a câmera, com as outras pessoas que participam do vídeo e com os interlocutores por trás das câmeras?

____

____

____

c) Elas conversam olhando diretamente para a câmera? Troque ideias com os colegas e o professor e levante hipóteses: qual efeito essa interação constrói no vídeo?

____

____

____

6. Patrícia, a vlogueira do primeiro vídeo, identifica as pessoas com quem se encontra na Bienal do Livro de São Paulo.

a) Como as pessoas são identificadas?

____

____

b) A vlogueira encontra pessoas conhecidas de seu público ou desconhecidas?

____

____

7. Ao gravar um vídeo, o enquadramento que damos às imagens focalizadas é importante para compor a história que queremos contar. Esse enquadramento corresponde à distribuição das imagens na tela e pode ser feito de formas variadas. Conheça a seguir algumas delas:

- **Plano geral (PG):** mostra um cenário completo, que pode ou não ter algum ponto de destaque.
- **Plano médio (PM):** mostra pessoas da cintura para cima ou objetos inteiros a uma distância próxima.
- **Primeiro plano (PP):** mostra o ponto de destaque (pessoa, objeto, ação, etc.) ocupando quase todo o espaço da tela.
- **Plano detalhe (PD):** mostra apenas parte do ponto de destaque (pessoa, objeto, ação, etc.).

a) Reunidos em duplas ou grupos, observem as imagens a seguir e comparem-nas com as descrições dos planos. Depois, indiquem, com as siglas entre parênteses, qual é o plano de cada uma das imagens extraídas do primeiro vídeo. Em seguida, compartilhem suas impressões com outras duplas ou grupos.

Imagens: Reprodução/Youtube/Patrícia Lima

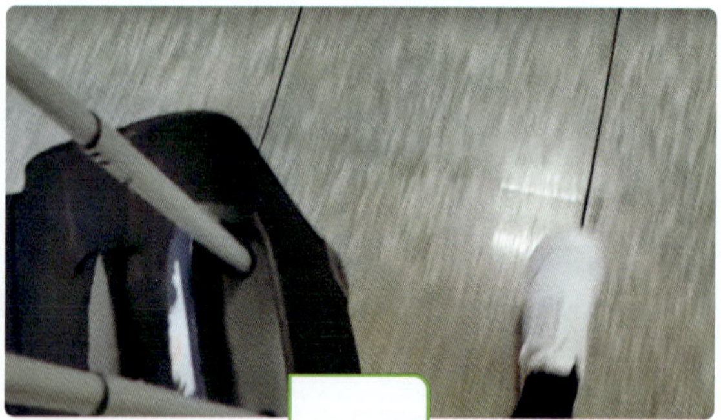

Imagens: Reprodução/Youtube/Patricia Lima

b) Troquem ideias com os colegas e o professor e concluam: qual é o efeito provocado pelo uso desses diferentes planos em um vídeo?

____

____

8. Nos vídeos, as duas *vloggers* falam sobre o canal e o trabalho de cada uma delas na internet.

a) Entre os trechos a seguir, transcritos dos vídeos, indique aqueles que têm relação direta com o trabalho realizado pelas *vloggers*.

- [ ] "Aqui é o apartamento que a gente alugou mesmo"
- [ ] "Eu tinha credencial de imprensa, então eu consegui entrar direto"
- [ ] "Eu não consegui encontrar promoções boas"
- [ ] "Eu comecei a encontrar as minhas membras do canal"
- [ ] "Eu também ganhei deles, como parceira, este livro"
- [ ] "A minha casa tá limpinha"
- [ ] "Ele é um brasileiro que participou da minha mentoria"
- [ ] "Eu comprei até uma panela nova"
- [ ] "Primeira vez que eu venho aqui comer, mesmo"

b) Observando as falas que você marcou no item **a**, deduza: com quais trabalhos cada uma se relaciona?

c) Troque ideias com os colegas e o professor e imaginem contextos nos quais as outras falas também pudessem estar de alguma forma relacionadas ao trabalho de um *vlogger* que produz vídeos para a internet.

d) Você conhece alguém que trabalha com isso? O que acha dessa atividade como trabalho? Além da gravação do vídeo em si, pesquise e indique quais outras atividades são necessárias para trabalhar com esse tipo de produção.

9. Reúna-se com os colegas de grupo e, juntos, completem o quadro a seguir, indicando quais são as características básicas de um *vlog*.

***Vlog*: construção e recursos expressivos**	
Quem são os interlocutores de um *vlog*?	
Qual é a finalidade de um *vlog*?	
Em qual suporte/veículo circulam *vlogs*?	
Como um *vlog* se estrutura?	
Sobre quais assuntos trata um *vlog*?	
Como é a linguagem de um *vlog*?	

AGORA É A SUA VEZ

Ao final desta unidade, você e os colegas de turma vão criar um blog que conterá, entre outros textos, *vlogs* feitos por vocês. Chegou a hora de começar a produzi-los!

Elaboração do roteiro do *vlog*

- Defina qual será o assunto do seu *vlog*: uma atividade comum de seu cotidiano, um evento a que você vai, um dia diferente do comum, um passeio de que você gosta, etc.
- Defina um ou mais dias que pretende filmar, bem como quais das atividades que você vai realizar nesse(s) dia(s) entrarão no *vlog*.
- Escolha um vocativo para se dirigir a seus espectadores, de acordo com o tom menos ou mais formal que pretende dar ao vídeo.
- Pense nos diferentes planos de enquadramento das imagens que você pode explorar ao realizar a filmagem e defina de antemão algumas opções.
- Decida se vai falar diretamente com a câmera, em modo "*selfie*", ou se vai filmar por trás das câmeras e, eventualmente, pedir a alguém que filme você.
- Caso pretenda fazer um *vlog* narrado, anote o que pretende dizer e a sequência que vai adotar para encadear as imagens produzidas com sua narração.

Planejamento da gravação

- Procure saber se há alguma restrição ao uso de câmeras nos locais onde você pretende filmar.
- Converse previamente sobre a filmagem com as pessoas que estarão com você no dia, pedindo autorização para exibi-las no vídeo e verificando se elas poderão eventualmente ajudar na filmagem.
- Organize os equipamentos de que precisará (câmera, celular, carregador, microfone, etc.).

MDV Edwards/Shutterstock

Gravação

- Leve para o local todos os equipamentos, bem como o roteiro com os pontos que não podem faltar.
- Grave diferentes planos de um mesmo trecho, a fim de que possa escolher o melhor na edição.
- Lembre-se de situar no tempo e no espaço o(s) fato(s), os locais e as pessoas filmadas.
- Não se limite a narrar o fato; conte-o de maneira especial, expressando seus sentimentos, sua emoção ou surpresa. Faça comentários, opine e desabafe, se for o caso.
- Fale em primeira pessoa e, se quiser, adote uma linguagem espontânea, coloquial e informal.
- Faça uma finalização para o vídeo, considerando todo o material filmado.

Edição

- Selecione as melhores imagens obtidas para cada trecho planejado do vídeo.
- Contemple as partes indicadas no roteiro, cuidando para que o vídeo tenha começo, meio e encerramento.
- Observe se precisará regravar alguma parte que não tenha ficado boa ou gravar alguma parte que tenha faltado.
- Insira os efeitos pretendidos (música, câmera rápida ou lenta, narração, som de fundo, animações, imagens na tela, legendas, etc.).

Revisão

Antes de dar seu vídeo por terminado, reveja as imagens gravadas, observando se:

- o som e as imagens estão com boa definição;
- você se dirige aos espectadores da forma como planejou;
- todos os pontos importantes foram mencionados;
- o vídeo está completo, com começo, meio e encerramento;
- o relato é feito predominantemente na primeira pessoa e se a linguagem está adequada à relação que você pretende estabelecer com o público.

Faça as modificações que considerar necessárias.

O diário

Você já ouviu falar em *O diário de Anne Frank*? Trata-se de um dos livros mais lidos em todo o mundo, constituído por relatos de Anne Frank, uma menina judia que viveu escondida no sótão de uma casa em Amsterdã, na Holanda, por dois anos, durante a Segunda Guerra Mundial.

Leia, a seguir, uma página desse diário.

Domingo, 5 de julho de 1942

Querida Kitty,

A festa de fim de ano letivo, na sexta-feira, no Teatro Israelita, aconteceu conforme o previsto. Meu boletim não estava ruim. Recebi um D, um C- em álgebra, e todo o restante foi B, a não ser dois B+ e dois B-. Meus pais ficaram satisfeitos, mas eles não são como os outros pais com relação às notas. Eles nunca se preocupam com boletins, bons ou ruins. Desde que eu esteja saudável e não discuta demais, eles ficam satisfeitos. Se essas coisas estiverem bem, todo o resto se resolve.

Sou exatamente o oposto. Não quero ser uma aluna fraca. Fui aceita no Liceu Israelita sob certas condições. Deveria ter continuado na Escola Montessori na sétima série, mas quando as crianças judias foram obrigadas a frequentar escolas israelitas, depois de muita conversa, o Sr. Elte finalmente concordou em aceitar Lies Goslar e eu. Lies também passou este ano, se bem que precisou repetir a prova de geometria.

[...]

Minha irmã Margot também recebeu o boletim. Brilhante, como sempre. Se nós tivéssemos uma coisa como cum laude, ela teria passado com honras, de tão inteligente que é.

[...]

Há alguns dias, quando dávamos um passeio pela praça perto de casa, papai começou a falar sobre se esconder. Falou que para nós seria difícil viver sem nos relacionarmos com o resto do mundo. Perguntei por que ele tinha puxado aquele assunto.

— Bom, Anne — respondeu ele —, você sabe que há mais de um ano estamos levando roupas, comida e móveis para outras pessoas. Não queremos que nossos pertences sejam apanhados pelos alemães. E também não queremos cair nas garras deles. Por isso, vamos embora por vontade própria, sem esperar que eles nos levem.

— Mas quando, papai?

Ele parecia tão sério que fiquei apavorada.

— Não se preocupe. Nós vamos cuidar de tudo. Simplesmente curta sua vida despreocupadamente enquanto é possível.

Era isso. Ah, que essas palavras sombrias demorem o máximo de tempo possível a se tornar verdade!

A campainha está tocando, Hello está aqui. Hora de parar.

Sua Anne.

(Rio de Janeiro: BestBolso, 2014. p. 30-32.)

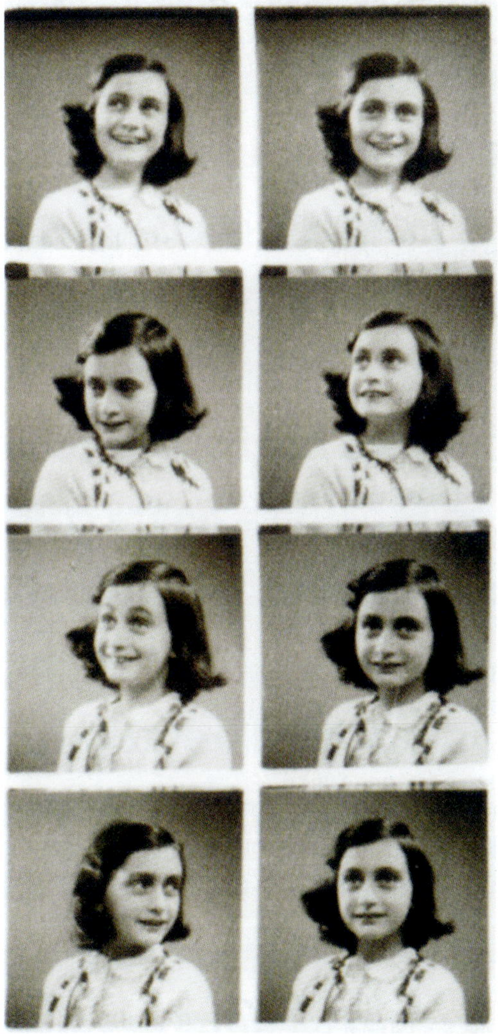

Reprodução/Casa de Anne Frank, Amsterdã, Holanda.

Anne Frank.

cum laude: expressão latina que significa "com louvor".

Hello: namorado de Anne Frank.

Kitty: o nome com que Anne Frank chamava o próprio diário.

Quem é?

Anne Frank

Reprodução/Casa de Anne Frank, Amsterdã, Holanda.

Annelies Marie Frank, conhecida como Anne Frank, nasceu em Frankfurt, Alemanha, em 1929.

Em julho de 1942, durante a Segunda Guerra Mundial, na tentativa de escapar à perseguição nazista aos judeus, Anne e seus familiares passaram a viver escondidos em um anexo nos fundos de um prédio comercial, em Amsterdã, na Holanda, onde permaneceram até 1944, quando foram denunciados. Anne e a irmã morreram no ano seguinte, em um dos campos de concentração nazista, chamado Auschwitz.

Com o fim da guerra, Otto Frank, pai de Anne e único sobrevivente da família, publicou o diário da filha, que passou a ser um dos livros mais lidos e traduzidos em todo o mundo.

A casa em que a família viveu escondida em Amsterdã é hoje um museu chamado Casa de Anne Frank.

1. Em um diário, as pessoas geralmente relatam fatos de seu cotidiano, seus problemas, dúvidas e anseios.

a) Nessa página de seu diário, Anne Frank também faz isso?

b) Por que o diário de Anne Frank é diferente de outros?

c) No relato lido, em que momento se percebe que a vida normal de adolescente de Anne estava próxima de sofrer uma reviravolta?

2. Releia o trecho em que o pai de Anne se refere aos alemães (os nazistas).

a) Por que a família estava levando seus bens para a casa de outras pessoas?

b) Levante hipóteses: O pai de Anne supunha que a perseguição nazista aos judeus era algo passageiro ou permanente? Justifique sua resposta.

3. O diário é um gênero textual que geralmente tem como leitor o próprio autor. Na sua opinião, com que finalidade o diário de Anne tornou-se público?

4. Um diário pode ser escrito em longos ou curtos períodos e suas páginas costumam ser datadas.

a) Na página do diário em estudo há data?

b) Anne Frank nasceu em 1929. Assim, com quantos anos ela estava quando escreveu essa página do seu diário?

Reprodução/Casa de Anne Frank, Amsterdã, Holanda.

Capa do diário de Anne Frank.

5. O diário pode ou não ser dirigido a alguém, real ou fictício. A palavra ou expressão que nomeia essa pessoa é chamada **vocativo**. Além do vocativo, um diário pode conter ou não assinatura.

a) Na página de diário em estudo, a autora se dirige a alguém?

b) Anne assina sua página de diário?

6. Observe as formas verbais empregadas na página de diário em estudo.

a) Em que pessoa o relato é feito?

b) Os verbos estão empregados ora no pretérito, ora no presente do indicativo. Veja:

> "A festa de fim de ano letivo [...] **aconteceu** conforme o previsto."
> "A campainha **está tocando**, Hello **está** aqui."

Qual é a razão do emprego desses tempos verbais?

____

____

____

____

____

____

Os diários dos anos 1980/1990

Você tem algum familiar que foi adolescente nos anos 1980/1990? Pergunte a eles se faziam "agendas" como as das imagens ao lado e abaixo ou se conheceram alguém que fazia. As agendas daquela época eram como os diários de tempos antigos, cujos donos registravam não apenas compromissos como também os acontecimentos memoráveis de suas vidas. Muitas vezes, as agendas eram enfeitadas com adesivos, colagens, desenhos, canetas coloridas, etc.

Reprodução/Agendas90s

Reprodução/www.makeupatelier.com.br

7. Observe a linguagem do texto. Qual é a variedade linguística empregada? Ela é formal ou informal?

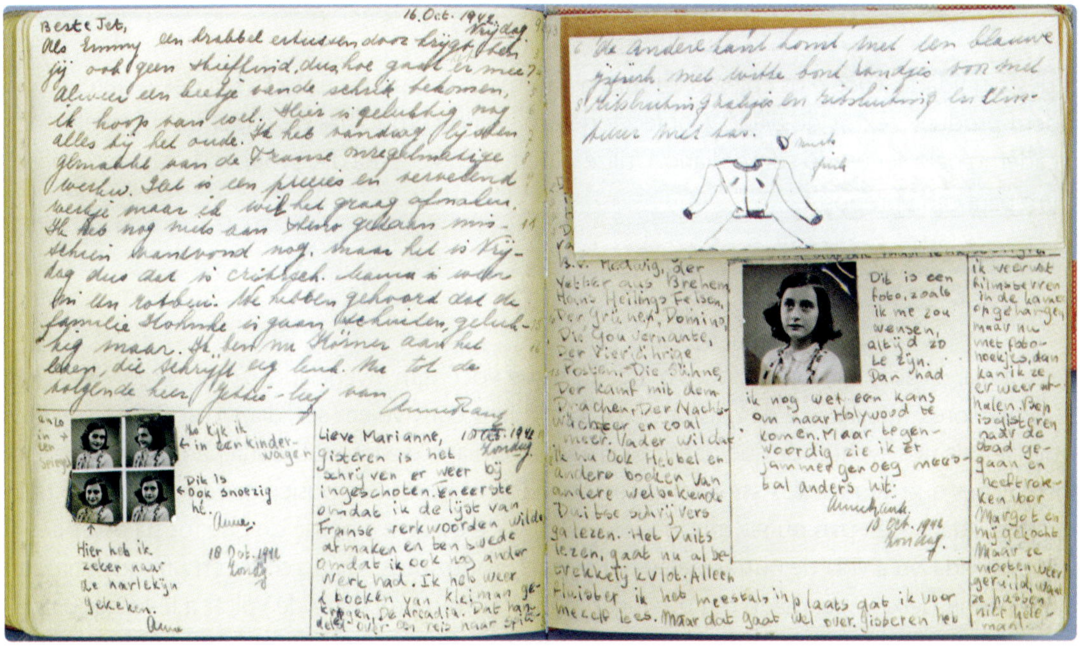

Reprodução/Casa de Anne Frank, Amsterdã, Holanda.

O diário de Anne Frank aberto.

8. Reúna-se com os colegas de grupo para completar o quadro a seguir, indicando quais são as características básicas de um diário.

Diário: construção e recursos expressivos	
Quem são os interlocutores de um diário?	
Qual é a finalidade de um diário?	
Em qual suporte/veículo circulam os diários?	
Como o diário se estrutura?	
Sobre quais assuntos trata um diário?	
Como é a linguagem do diário?	

AGORA É A SUA VEZ

Ao final desta unidade, você e os colegas de turma vão montar um *blog* e, ao longo desse percurso, vocês também podem produzir textos de diário. Confeccione um diário com folhas de papel de sua preferência ou compre um caderno para ser usado como diário. Utilize-o para escrever uma das propostas que seguem, ou faça dois diários, um para cada proposta.

Proposta 1

Escreva, dia a dia, os acontecimentos mais marcantes que você tem vivenciado. Como você vê sua relação com amigos, professores, familiares e demais pessoas com quem convive em seu dia a dia? Relate seu envolvimento nas atividades e nos eventos de que participa em seu cotidiano e conte sobre sua participação na escola e em outras instituições que frequenta. Assim como fez Anne Frank, busque se posicionar em relação ao que está ocorrendo em sua cidade, seu país ou no mundo enquanto você escreve e pense de que forma esses acontecimentos afetam sua vida ou a vida de outras pessoas. Procure produzir esse diário com certa frequência durante algum tempo e depois deixe-o guardado em um lugar seguro, com o propósito de voltar a lê-lo daqui a alguns anos. Com certeza, será uma experiência emocionante e uma bela recordação de parte de sua vida!

Proposta 2

Escreva suas impressões sobre o estudo realizado ao longo desta unidade de produção de textos, relatando os acontecimentos de seu dia a dia, especialmente aqueles relacionados ao projeto. Procure contar como você se envolveu com as tarefas, de quais atividades está gostando mais de participar, como tem se dado o processo de produção dos textos, qual o seu engajamento no projeto, como tem visto a participação dos colegas, o que espera para a finalização do trabalho.

Planejamento do texto

- Procure se lembrar de detalhes do(s) fato(s) que pretende relatar.
- Anote a sequência das ações que entrarão no diário.
- Pense em um vocativo que você acha que combine com seu diário.
- Se quiser, selecione itens (papéis, documentos, fotografias, etc.) ligados ao fato narrado e guarde-os para ilustrar e complementar o texto escrito com eles.

Escrita

- Escreva a data em que está redigindo sua página de diário.
- Comece pelo vocativo, caso tenha escolhido um, como "Caro diário" ou outro.
- Situe os fatos no tempo e no espaço.
- Não se limite a narrar o fato, mas conte-o de maneira especial, expressando seus sentimentos, sua emoção ou surpresa. Faça comentários, opine e desabafe, se for o caso.
- Escreva em primeira pessoa e, se quiser, adote uma linguagem espontânea, coloquial e informal.

Revisão e reescrita

Antes de passar sua página de diário para o suporte final, observe:

- se ela apresenta a data da produção do texto;
- se ela contém um vocativo;
- se o fato relatado está bem-situado no tempo e no espaço;
- se o texto faz uma reconstituição viva do episódio, rica em impressões pessoais, emoções, reflexões, etc.;
- se o relato é feito predominantemente na primeira pessoa e se a linguagem é coloquial e informal, como é próprio do gênero;
- se os verbos estão empregados coerentemente no passado ou no presente, conforme o fato escolhido.

Faça as modificações que considerar necessárias e passe seu texto a limpo.

Diários, *blogs*, *vlogs*

Derivados dos antigos diários, os *blogs* (abreviação de *weblogs* = diários da rede) começaram como um registro na internet (web) das atividades realizadas por uma pessoa em seu dia a dia. Eles eram, portanto, um diário escrito na internet. Atualmente os *blogs* se diversificaram muito, sendo utilizados de diversas formas, com diferentes objetivos e direcionados a públicos variados: um *blog* pode ser público ou privado, isto é, aberto aos internautas em geral ou a um grupo restrito de pessoas. Pode, também, ser individual ou comunitário, ou seja, de autoria de apenas uma pessoa ou de um conjunto de pessoas.

Nos *blogs* que funcionam como diários virtuais, o autor trata principalmente de fatos cotidianos. Em outros, o autor (ou os autores) difunde(m) pontos de vista sobre assuntos específicos, sobre variedades ou assuntos mais gerais. São comuns, atualmente, *blogs* ligados à profissão de quem os administra: médicos, jornalistas, professores, etc. Eles podem conter dicas, conselhos, histórias, ensinamentos, piadas, reflexões, etc.

Para publicar os textos e organizar a **Oficina de Criação** desta unidade, construa com os colegas um *blog* da turma, seguindo os passos abaixo.

https://support.google.com/blogger/answer/1623800?hl=pt-BR

Criar um blog

Você pode criar e gerenciar seu próprio blog no Blogger.

eHrach/Shutterstock

Criar um blog

1. Faça login no Blogger.
2. À esquerda, clique na seta para baixo ▼.
3. Clique em **Novo blog**.
4. Digite um nome para o blog.
5. Toque em **Próxima**.
6. Escolha o endereço ou o URL do blog.
7. Clique em **Salvar**.

Observação: obedeça à Política de Conteúdo do Blogger e aos Termos de Serviço.

Gerenciar seu blog

- Gerencie quem pode editar e ler seu blog. Saiba como controlar o acesso ao seu blog.
- Você pode escolher a aparência do seu blog. Saiba como alterar o design do seu blog.

[...]

Corrigir problemas com a configuração do domínio personalizado

Se você tiver problemas com o Blogger, consulte as informações sobre como resolvê-los.

(Disponível em: https://support.google.com/blogger/answer/1623800?hl=pt-BR. Acesso em: 20/12/2018.)

Variedades linguísticas

Leia, a seguir, a transcrição do trecho introdutório de um *vlog* disponível em um canal de uma plataforma de vídeos da internet.

NiP STUDIO/Shutterstock

"E aí, galera? Maísa aqui, mais um vídeo do 'Maisera'. Bom, começo de ano e cês sabem o que que eu faço, né, todo começo de ano. A gente compra o material. Porque na verdade, convenhamos, que comprá o material é mais divertido do que... o primeiro dia de aula, né? Qué dizê, eu até gosto do primeiro dia de aula, mas muita gente falta, então eu fico com saudades. Mas eu decidi fazê um *vlog* comprando meu material escolar com vocês. Já que vocês sempre pedem pra eu mostrá os meus presentes, as coisas que eu compro, as coisas que eu ganho, por que não o material escolar? Mó da hora, né? Então vamo comigo... saindo de casa aqui... pra...ui! comprá os meus... ganhá, na verdade, material escolar"

(Transcrito do vídeo disponível em: https://www.youtube.com/watch?v=d2vm4ZGWfOY. Acesso em: 30/11/2022.)

1. Como se trata da transcrição de uma fala, podem ser percebidos no texto traços específicos da oralidade. Relacione as colunas a seguir, indicando quais palavras e expressões ilustram as características descritas: algumas delas descrevem a fala no português do Brasil em geral e outras são típicas de alguns grupos de falantes.

I. Marcador conversacional de interação com o interlocutor

II. Apagamento do /r/ final de algumas palavras, especialmente nas formas verbais do infinitivo

III. Presença de gírias

IV. Retomada e repetição do tópico sobre o qual se fala

V. Redução de alguns fonemas da palavra em sua forma escrita clássica, como uma regra de economia típica da fala

VI. Quebra da estrutura típica da escrita

VII. Correção e reelaboração imediata

( ) "E aí, **galera**?" / "**Mó da hora**"

( ) "**Bom**, começo de ano" / "que eu faço, **né**" / "primeiro dia de aula, **né**?"

( ) "**comprá** o material" / "**Qué** dizê" / "**fazê** um *vlog*"

( ) "e **cês** sabem" / "**vamo** comigo..."

( ) "comprá os meus... **ganhá, na verdade**, material escolar"

( ) "**Maísa aqui, mais um vídeo** do 'Maisera'"

( ) "**começo de ano** e cês sabem o que que eu faço, né, **todo começo de ano**"

2. Observando a linguagem utilizada e o conteúdo do trecho lido, deduza:

a) Qual é o perfil da pessoa que fala? Justifique sua resposta.

b) A quem ela se dirige? Que termos ela utiliza para se referir a essas pessoas?

c) Essa linguagem pode ser considerada adequada à situação de comunicação na qual a fala circulou? Justifique sua resposta.

3. Releia este trecho:

"[...] Mas eu decidi fazê um *vlog* comprando meu material escolar com vocês. Já que vocês sempre pedem pra eu mostrá os meus presentes, as coisas que eu compro, as coisas que eu ganho, por que não o material escolar?"

a) Reescreva o trecho lido, imaginando que o vídeo do qual ele faz parte será disponibilizado no *blog* da turma e sua reescrita comporá o texto de introdução do vídeo. Comece com: "Maísa decidiu...".

b) Compare sua versão com a versão do vídeo e indique quais são as principais diferenças.

____

____

____

____

____

____

4. Sobre o trecho transcrito e o trecho escrito por você na questão anterior, analise as afirmações e marque V para as verdadeiras e F para as falsas.

☐ A diferença entre as versões se dá porque a fala é sempre desorganizada e sem regras, ao passo que a escrita é organizada e segue regras rígidas.

☐ A diferença entre as versões se dá porque fala e escrita são modos distintos de usar a língua e, portanto, seguem regras também distintas.

☐ Analisar o trecho da fala de uma pessoa e compará-lo com sua versão escrita comprova que os brasileiros falam errado na maior parte do tempo e por isso precisam aprender as regras da escrita, para serem capazes de utilizá-las quando forem gravar vídeos que serão publicados.

☐ Analisar o trecho da fala de uma pessoa ajuda a perceber nuances características da oralidade, importantes para seu funcionamento e que passam despercebidas quando nos detemos apenas no estudo de textos escritos.

SeventyFour/Shutterstock

5. Discuta com os colegas e o professor:

a) Na sua fala cotidiana, é comum você usar termos, expressões e estruturas da língua como os utilizados pela autora do *vlog*?

____

b) Há, na fala da autora do *vlog*, algum termo estranho para você ou que não faça parte do seu vocabulário? Em caso afirmativo, reflita: Por que isso ocorre?

____

____

____

Ao analisar o trecho transcrito do *vlog*, você observou que a fala segue algumas regras e que estas são diferentes das regras da escrita. Além disso, é importante saber que não existe um único jeito de falar a língua portuguesa no Brasil. Dependendo de quem fala e da situação em que as pessoas se encontram, pode haver muitas diferenças entre a fala de uma pessoa e a fala de outra.

Há pessoas que falam de modo distinto do nosso por serem de outras famílias, de outras cidades ou outras regiões do país, por terem idade diferente da nossa ou por pertencerem a outra classe social.

Também há variações linguísticas relacionadas à situação de produção da fala. Por exemplo, em situações formais de comunicação oral, como uma entrevista ou uma conferência, as pessoas geralmente cuidam mais da própria fala, procurando emitir todos os sons das palavras ao pronunciá-las.

Há ainda muitas diferenças linguísticas entre a linguagem oral e a linguagem escrita, visto que essas duas modalidades de uso da língua seguem regras específicas e diferentes entre si.

A variação que uma língua sofre constitui um fenômeno chamado de variação linguística.

Variedades linguísticas são os diferentes modos de usar uma língua, relacionados a fatores como o lugar de origem, a idade, o sexo, a classe social e o grau de escolaridade dos interlocutores.

Variedades de prestígio e norma-padrão

A língua está sempre em mudança, em renovação. Palavras novas surgem a todo instante e formas antes valorizadas caem em desuso com o tempo. Com a internet, as redes sociais e os novos suportes de escrita cotidiana, como *smartphones* e *tablets*, até mesmo a forma de escrever as palavras tem se modificado em determinadas situações.

Na tentativa de controlar a inevitável mudança pela qual toda língua passa ao longo do tempo, as sociedades, a fim de se fortalecer politicamente por meio de uma suposta unidade linguística, instituem um ideal de língua única e centralizada — conhecida como norma-padrão —, visando ditar regras de como se deve falar e escrever, como se houvesse uma única alternativa aceitável.

Na atividade de passar a fala espontânea transcrita nos exercícios para um texto na modalidade escrita convencional, você percebeu que o que pode ou não ser considerado adequado varia e depende de diversos aspectos, por exemplo, se o texto é oral ou se vai circular em um veículo escrito. Concluímos que pode haver diferentes possibilidades de usar a língua, todas devidamente corretas, desde que adequadas às situações de comunicação.

A norma-padrão tem como base uma das variedades existentes na língua, cuja escolha é, em geral, guiada pelos usos linguísticos dos grupos de maior poder e prestígio socioeconômico. A escolha da norma-padrão também se baseia em fontes muito distantes dos usos cotidianos da língua, o que a leva a se distanciar até mesmo dos usos que pessoas altamente escolarizadas e de classes socioeconômicas de prestígio fazem. Assim, a norma-padrão, tal como é construída, não corresponde efetivamente a nenhuma das variedades de uma língua e, por não existir como uma variedade linguística real, pode ser considerada fruto de uma abstração.

Norma-padrão é um modelo abstrato da língua, instituído na tentativa de normatizar com leis ou regras os usos de uma língua, falada ou escrita.

Variedades urbanas de prestígio, também conhecidas como **norma culta**, são as variedades utilizadas por falantes com maior nível de escolaridade e, em geral, com maior poder socioeconômico.

Embora a norma-padrão se distancie dos usos efetivos da língua em nosso cotidiano, é preciso reconhecer que ela existe e é direito de todos os falantes ter acesso a ela e a suas regras. Da mesma forma, o acesso às variedades de prestígio, que são socialmente mais valorizadas, também é um direito de todos os falantes, pois pode contribuir para que eles participem com mais autonomia de diversas situações de uso da língua e, com isso, tenham mais segurança ao produzir seus textos, orais ou escritos.

Ao produzir seus textos, tanto orais quanto escritos, esteja atento(a) à variedade linguística mais adequada à situação, considerando qual é o gênero, quem é o interlocutor, qual é o suporte, etc. O emprego de gírias, por exemplo, pode ser adequado em algumas situações sociais, e não em outras.

Preconceito linguístico

O que não se pode admitir é que uma variedade linguística seja considerada melhor ou mais correta do que outra. Você provavelmente já ouviu alguém dizer que o português de uma cidade ou de um Estado é melhor do que o de outro lugar ou já viu uma pessoa ser ridicularizada por falar de um jeito diferente do usado pela maioria das pessoas com quem ela convive. Esses procedimentos têm por base crenças do senso comum que não têm nenhum fundamento científico e contra as quais devemos nos posicionar, a fim de construir uma sociedade mais justa e menos preconceituosa também no aspecto linguístico.

Fala, e direi quem és

A linguagem faz muito mais do que transmitir pensamentos e sentimentos. Ela pode revelar quem somos socialmente, isto é, nossa posição social, nosso grau de escolaridade, nossa timidez ou agressividade, nosso gosto cultural, o grupo ou a tribo de que fazemos parte — enfim, pela linguagem mostramos nossa forma de ser e de ver o mundo. Em seu livro *O sol na cabeça*, Geovani Martins utiliza uma linguagem inovadora, que explora as variedades linguísticas faladas no Morro do Vidigal, no Rio de Janeiro, onde o escritor nasceu e cresceu. Leia a seguir o trecho final do primeiro conto do livro:

Zo Guimarães/Folhapress

> [...] Eu não sei como conseguia correr, menó, papo reto, meu corpo todo parecia que tava travado, eu tava todo duro, tá ligado? Geral na rua me olhando. Virei a cara pra ver se ainda tava na mira do verme, mas ele já tinha dado as costas pra continuar revistando os menó. Passei batido!
>
> (São Paulo: Companhia das Letras, 2018. p. 16.)

Monkey Business Images/Shutterstock

Jacob Lund/Shutterstock

Monkey Business Images/Shutterstock

Monkey Business Images/Shutterstock

Leia os memes a seguir para responder às questões 1 a 3.

I.

Reprodução/Pinterest

II.

Reprodução/Facebook

III.

Reprodução/www.gerarmemes.com.br

IV.

Reprodução/www.gerarmemes.com.br

1. Entre os quatro memes lidos, três dialogam com o fenômeno da variação linguística em seus textos verbais.

a) Identifique-os e indique quais deles se relacionam com a variação linguística pela forma como o texto foi escrito e qual aborda diretamente o assunto da variação.

b) Explique com base em qual relação se dá a construção do humor do meme que não aborda a variação linguística. Qual outro fenômeno da língua ele aborda?

2. Observe as partes verbal e não verbal dos memes I, III e IV.

a) Levante hipóteses: quais relações podem ser estabelecidas entre os personagens que compõem cada um dos memes e o conteúdo do texto verbal?

b) Explique o efeito de humor construído pelas expressões "erro de português" e "erro do destino", colocadas em paralelo no meme III.

3. Troque ideias com os colegas e o professor e faça o que se pede.

a) Quais memes exploram a variação linguística da perspectiva regional, isto é, referem-se a diferentes formas de falar em diversas regiões do Brasil? Justifique sua resposta.

b) Entre os memes indicados por você no item **a**, qual tenta reproduzir os sons da fala regional fazendo alterações na ortografia? Justifique sua resposta, reescrevendo de acordo com as regras da norma-padrão o trecho cuja grafia foi alterada.

c) Compare a versão original com a reescrita feita por você no item **b**, releia as duas versões em voz alta e conclua: de que forma a alteração na ortografia modifica também o sentido da expressão?

d) Qual dos memes contém uma forma de concordância que ocorre em todo o Brasil, independentemente da região? Como seria essa concordância conforme a norma-padrão?

4. Releia a parte escrita do meme I.

a) Uma mesma palavra foi grafada de duas formas diferentes. Identifique-a.

b) Deduza: que aspecto da variação linguística pode estar relacionado a essa diferença na grafia de uma mesma palavra?

c) Qual outra palavra do meme também costuma ser empregada com uma alteração semelhante na grafia, pelo mesmo motivo indicado por você no item **b**? Justifique sua resposta.

5. Leia a tira a seguir, que reproduz um diálogo entre avó e neta, salientando um aspecto da variação linguística.

Will Leite/Acervo do cartunista

(William Leite. Disponível em: http://www.willtirando.com.br/anesia-417/. Acesso em: 12/12/2022.)

a) Troque ideias com os colegas e o professor: qual aspecto da variação linguística é explorado?

____

b) Identifique a palavra que indica a variação linguística na tira e deduza de qual outra palavra ela deriva.

____

c) Você conhece outras palavras que mudaram de sentido com o decorrer do tempo? Se necessário, faça uma breve pesquisa com familiares de outras gerações ou na internet.

____

____

____

Leia este texto para responder às questões 6 a 9.

Palavras que nossos avós usavam – e não usamos mais

O sacripanta deu um tabefe na sirigaita enquanto o janota armava o maior quiprocó

Por Roosevelt Garcia

Não é só uma questão de gírias. Nem de modismos. Algumas palavras da nossa língua simplesmente deixaram de ser usadas com o passar das décadas, e expressões comuns nos tempos dos nossos avós, ou mesmo dos nossos pais, são completamente desconhecidas pelas novas gerações.

Com o tempo, novas palavras vão surgindo, assim como novos significados para palavras antigas, o que acaba deixando nosso idioma com algumas diferenças entre épocas. E palavras, tão coloquiais há alguns anos, foram engavetadas e esquecidas.

Só pra citar alguns exemplos, e os seus significados:

- Tabefe (tapa, bofetada)
- Sacripanta (patife, pilantra)
- Basbaque (pessoa ingênua, simplório, tolo)
- Chumbrega (de má qualidade, ordinário)
- Sirigaita (mulher espevitada, pretensiosa)
- Alcunha (apelido, codinome)
- Janota (pessoa bem vestida)
- Petiz (criança)
- Pachorra (calma excessiva, paciência)
- Garrucha (espingarda, bacamarte)
- Quiprocó (confusão, balbúrdia)
- Balela (mentira, conversa fiada)

(Disponível em: https://vejasp.abril.com.br/coluna/memoria/palavras-que-nossos-avos-usavam-e-nao-usamos-mais/. Acesso em: 30/11/2022.)

Biry Sarkis/Acervo da editora

6. O texto lido também aborda uma situação relacionada à variação linguística.

a) Qual é essa situação?

b) Você já viveu uma situação em que ouviu alguém falar uma palavra antiga, que nunca tinha ouvido antes, cujo sentido você não conhecia? Qual era essa palavra?

c) E uma situação em que você usou uma palavra nova em uma conversa e precisou explicar o sentido dela para a pessoa com quem falava? Qual era essa palavra e como você a explicou?

7. O que há de comum nos assuntos da tira e do texto jornalístico?

8. Releia a frase que compõe o subtítulo do texto:

"O sacripanta deu um tabefe na sirigaita enquanto o janota armava o maior quiprocó"

a) Consulte no texto o significado dado às palavras empregadas nessa frase e reescreva-a utilizando as palavras que ele dá como alternativa.

b) Como você diria essa mesma frase em uma conversa informal, com pessoas íntimas?

CAPÍTULO 2

A resenha crítica

O GÊNERO EM FOCO

A resenha nas mídias digitais

É cada vez mais comum encontrar resenhas em vídeo, especialmente na internet, em plataformas digitais. Assista ao vídeo a seguir, de uma resenha do livro *O diário de Anne Frank*, que você conheceu no capítulo anterior.

Reprodução/Youtube/Pacote Literário

1. No início da resenha, Karla Samira se apresenta, anuncia o objeto resenhado e se dirige diretamente a seus espectadores.

a) Como se deu a escolha do livro?

____

____

b) A autora da resenha também faz algumas solicitações diretamente aos espectadores. Quais são elas?

____

____

____

____

c) Que nome é dado pela autora à animação iniciada logo após essa introdução?

- [ ] chamada
- [ ] vinheta
- [ ] legenda

d) Do que é composta essa animação?

e) Troque ideias com os colegas e o professor e explique a função dessa animação no contexto de um canal de vídeos da internet.

2. A *booktuber* faz uma escolha para dar início propriamente à resenha.

a) De que forma ela decide começar? Levante hipóteses: qual efeito essa escolha tem no vídeo?

b) Logo após esse início, ela faz um comentário que pode ser considerado uma ressalva, isto é, uma observação sobre seu ponto de vista em relação ao livro. Por que, segundo ela, essa ressalva é importante?

c) A autora da resenha não situa, logo no início do vídeo, o momento histórico em que o diário de Anne Frank foi escrito. Discuta com os colegas e responda: para os seguidores do canal da autora, essa contextualização pode ter feito falta? E para espectadores que não costumam assistir a vídeos de seu canal?

3. A autora da resenha ressalta alguns dos aspectos do livro que lhe chamaram a atenção.

a) Nesse trecho, ela emprega alguns adjetivos. Identifique, entre os adjetivos listados abaixo, quais foram empregados na resenha em estudo. Em seguida, faça a correlação entre eles e o termo ao qual cada um se refere:

- dramático(a)
- perspicaz, inteligente
- verdadeiro(a)
- difícil
- doce, meigo(a)
- ficcional
- interessante
- cansativo(a)

- Anne Frank
- relato

b) A autora relaciona características de Anne Frank a que fase de vida?

____

c) Quais detalhes práticos contados no livro foram considerados interessantes pela autora da resenha?

____

____

____

4. Segundo Karla Samira, é possível ter acesso a um conhecimento específico do contexto por meio da leitura do livro.

a) Explique essa afirmação.

____

____

____

____

____

____

Dutchmen Photography/Shutterstock

Estátua de Anne Frank em frente à casa em que ela viveu, em Amsterdam.

b) Para a *booktuber*, que efeito o formato de diário do livro resenhado gera no leitor?

____

____

5. Ao falar sobre a história do livro, a *booktuber* usa a frase "isso não é *spoiler*".

a) Explique a relevância e o sentido dessa frase nesse contexto.

b) Qual é a informação que poderia ser considerada *spoiler*? Por quê?

c) A autora da resenha descreve sua expectativa em relação ao final do livro. Relacione essa expectativa à informação indicada por você no item **b**: trata-se de uma relação de oposição ou de complementaridade? Justifique sua resposta.

6. A autora da resenha mostra o livro no vídeo.

a) Quais informações técnicas do livro ela menciona?

b) Entre os termos e as expressões listados a seguir, todos empregados por ela, identifique aqueles que indicam claramente uma impressão pessoal.

- [ ] bem linda
- [ ] edição de luxo
- [ ] cheia de fotos
- [ ] capa almofadada
- [ ] bem bonita

7. Uma resenha pode recomendar ou não o objeto resenhado, de forma menos ou mais explícita. Que tipo de recomendação é feito na resenha em estudo? Justifique sua resposta com termos e expressões utilizados pela autora.

8. Observe o cenário, as imagens e o som do vídeo.

a) Há algum som de fundo? A voz da apresentadora é clara e sem interferências ou é abafada e com interferências?

b) Como é o cenário?

c) De que forma o objeto resenhado aparece no vídeo?

d) Quais efeitos de edição há no vídeo?

9. Uma resenha digital pode ser produzida em formatos variados. Compare a resenha em estudo às duas resenhas a seguir, sobre a mesma obra.

- Resenha SescTV:

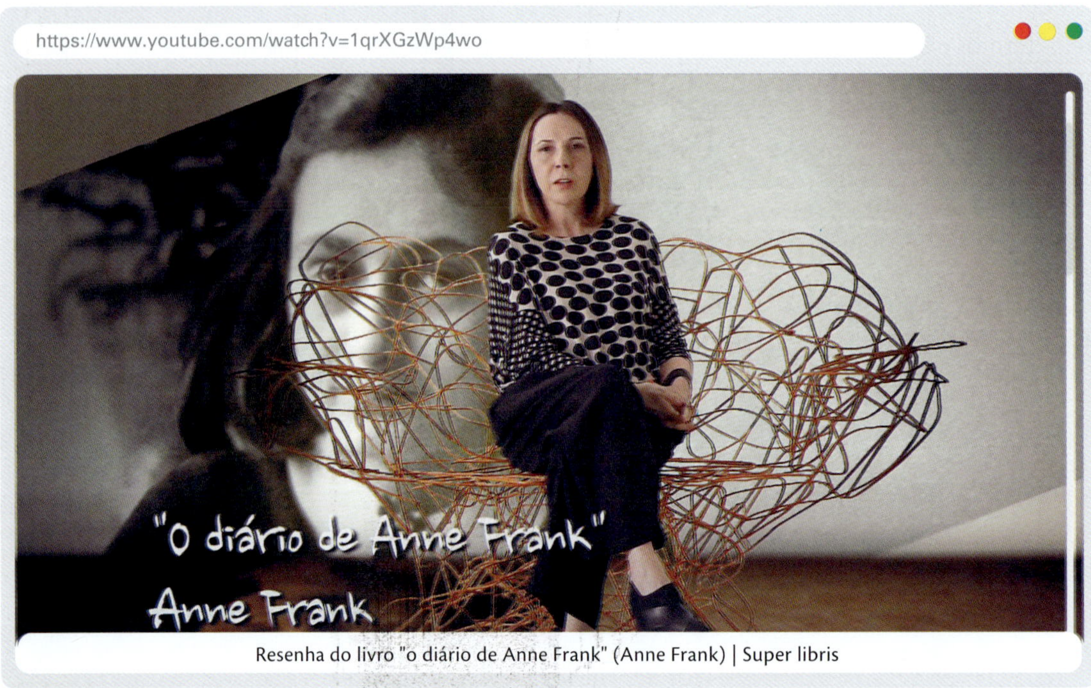

Reprodução/Sesc TV

- Resenha Top Livros:

https://www.youtube.com/watch?v=4mHVBIKtuGE&t=1s

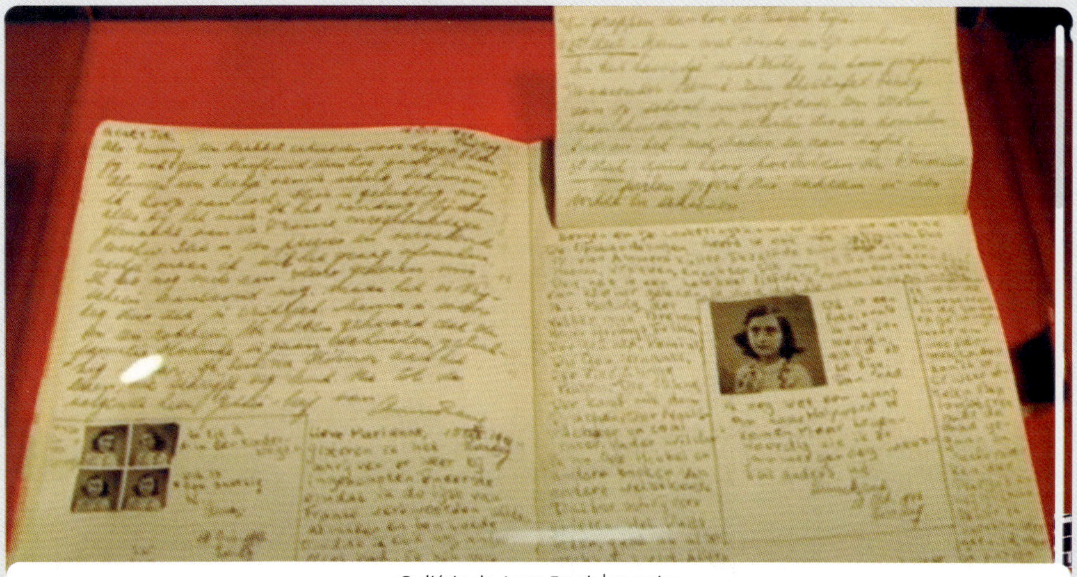

O diário de Anne Frank | resenha

Reprodução/Youtube/Top Livros

a) Identifique em qual(is) das três resenhas vistas:

- o autor se dirige diretamente aos espectadores, solicitando que interajam com o vídeo;

____

____

- o autor fala de forma mais impessoal, sem interpelar diretamente os espectadores;

____

- o autor recomenda a leitura do livro e fala sobre a própria experiência com a leitura;

____

- são feitas montagens com imagens do livro ou com cenas históricas e de filmes;

____

- o autor está à frente das câmeras;

____

____

- a imagem do autor da resenha não aparece no vídeo, apenas a voz dele.

____

b) Considerando suas respostas ao item **a**, bem como os canais nos quais cada uma das resenhas vistas foi disponibilizada, troque ideias com os colegas e o professor e deduza: que relações há entre os formatos dos vídeos e a maneira como os autores das resenhas se apresentam?

10. Como a autora da primeira resenha se despede de seus interlocutores?

11. Observe a linguagem empregada pela autora da primeira resenha e indique a afirmação que melhor descreve essa linguagem.

a) Trata-se da norma-padrão tal como ela seria empregada em um texto escrito, o que faz supor que a autora da resenha não fala espontaneamente, mas sim lê um texto previamente escrito; daí o emprego de muitos termos técnicos, tais como "dar nota", "não ficção", "relatos", "narrativa", "sinopse", entre outros.

b) Trata-se de uma linguagem espontânea extremamente informal, empregada exclusivamente em conversas íntimas, indicando que a autora da resenha pressupõe interlocutores com quem tem muita familiaridade, o que fica ainda mais evidente pelo emprego da saudação "Olá" e da despedida "Até o próximo vídeo".

c) Trata-se de uma variedade urbana de prestígio, que, por ser empregada de forma espontânea, contém em si alguns elementos típicos da oralidade, tais como reduções ("pro", "deixá"), hesitações ("ee... eee...", "assim... de... de...", etc.), repetições (entre elas, "um... um"; "muito conhecido, muito divulgado", etc.) e marcadores conversacionais ("né?", "aliás", "enfim").

d) Trata-se da oralização de uma linguagem poética/literária, uma vez que aborda a temática da poesia e, na maior parte do tempo, dialoga com os poemas do livro resenhado, lendo-os integralmente, conforme comprovado pelo trecho "Qual é o sentido da guerra? Por quê? Por que as pessoas não podem viver juntas e em paz? Por que toda essa destruição?".

A resenha escrita

Além das resenhas disponíveis em mídias digitais, existem as resenhas escritas. Leia o texto a seguir.

O Diário de Anne Frank em quadrinhos | Crítica

HQ é um ótimo complemento para o livro e pode ser porta de entrada para [a] história

FÁBIO DE SOUZA GOMES

18.10.2017, ÀS 16H54 • ATUALIZADA EM 18.10.2017, ÀS 20H03

O Diário de Anne Frank é um dos livros mais importantes da história. A transposição de uma obra dessa importância para os quadrinhos precisava ser feita com muito cuidado e o trabalho de **Ari Folman** e **David Polonsky** não poderia ter sido feito de melhor maneira. Os autores buscaram criar imagens que representam os medos, angústias e a visão poética da garota sobre o mundo, criando uma HQ que funciona como um complemento para [a] história.

Assim como o livro, a HQ mostra Anne e sua família, que permaneceram escondidos durante a Segunda Guerra Mundial por dois anos (de junho de 1942 até agosto de 1944) até o dia que foram denunciados e deportados. No local, a jovem escreveu seu famoso diário, uma das obras mais lidas no mundo, traduzido para 67 idiomas e com 30 milhões de exemplares vendidos. Anne Frank morreu de tifo no início de 1945 no campo de concentração de Bergen-Belsen, poucos dias depois de sua irmã.

Por conta do tamanho da publicação original, a história precisou ser condensada e os autores explicam que cada trinta páginas da obra foram transformadas em dez. Porém, muitas delas funcionam tão bem quanto o livro [...].

[...]

A força dos desenhos fica ainda mais clara em alguns momentos. Dois que merecem ser lembrados envolvem as fantasias da garota: a primeira é sobre o livro que Anne sonhava em escrever, o *Madame van Daan*. Esse é um dos poucos momentos em que os autores tentam imaginar como ela desenharia, criando traços mais infantis e em preto e branco. Além dele, o momento em que onde Anne fala sobre suas atrizes favoritas, Polonsky deu um toque especial e colocou o rosto de Anne em Bette Davis, Katharine Hepburn e Ingrid Bergman. O desenhista teve liberdade para criar e, por isso, utilizou pinturas clássicas como referência em diversas páginas e conseguiu transpor muito bem as fantasias da garota.

Como são muitas páginas para serem adaptadas, algumas delas acabam virando texto corrido – como se fosse o próprio livro. Para novos fãs, essas partes podem causar estranheza e, em alguns momentos, ficam cansativas em relação ao tom dinâmico da publicação.

O *Diário de Anne Frank em Quadrinhos*, que no Brasil foi publicado pela Record, é tão importante quanto o livro. A adaptação foi feita com o cuidado necessário para atingir um novo público e consegue conquistar jovens leitores com facilidade. Porém, para fãs antigos, ele é um complemento necessário que deixa a história ainda mais viva e nos lembra o quanto o livro é apaixonante.

NOTA DO CRÍTICO ●●●●○ Ótimo

(Disponível em: https://www.omelete.com.br/quadrinhos/criticas/o-diario-de-anne-em-quadrinhos-critica. Acesso em: 30/11/2022.)

1. Qual é o objeto cultural em exame na resenha lida e a que público ele se destina?

____

____

____

2. O autor do texto apresenta o livro resenhado e estabelece uma relação entre ele e outro livro.

a) Qual é esse outro livro?

____

b) Identifique o trecho da resenha que contém dados objetivos indicadores da importância da história do livro resenhado.

____

____

c) Explique a relação entre os dois livros e descreva algumas das diferenças entre eles mencionadas no texto.

____

____

____

d) Para o autor da resenha, que diferença pode haver quanto à recepção do livro, considerando-se a intimidade dos leitores com o outro livro?

____

____

3. Há, na resenha em estudo, um trecho que resume brevemente o conteúdo do livro resenhado. Contorne no texto o trecho que contém esse resumo.

4. Considerando o ponto de vista do autor da resenha, marque V para as afirmações verdadeiras e F para as afirmações falsas.

☐ O livro resenhado supera o livro original.

☐ O livro resenhado complementa o livro original.

☐ O livro resenhado não dialoga adequadamente com o livro original.

☐ O livro resenhado é tão importante quanto o livro original.

☐ O livro resenhado deixa a história do livro original ainda mais viva.

5. O autor da resenha destaca duas passagens do livro resenhado nas quais, segundo ele, os desenhos têm papel ainda mais importante.

Reprodução/Editora Record

a) Quais são essas passagens?

b) Identifique as palavras e expressões empregadas no texto para marcar a referência a essas duas passagens.

6. Além da descrição do objeto cultural e da avaliação de suas características, é comum o autor da resenha recomendar ou não, de maneira direta ou indireta, seu consumo. Troque ideias com os colegas e o professor:

a) A visão do autor da resenha sobre o livro e sobre os autores dele é majoritariamente negativa ou positiva? Justifique sua resposta com trechos do texto.

b) Na resenha em estudo, há algum trecho específico do texto em que é feita uma recomendação explícita do livro resenhado? Ou seja, a recomendação feita pelo autor da resenha é construída de maneira direta ou de maneira indireta?

7. Observe o item "nota do crítico", ao final do texto.

a) Deduza: a que correspondem os círculos amarelos e o círculo cinza? E qual o impacto desse formato para o leitor da resenha?

b) Qual seria a nota máxima que o livro poderia ganhar? E qual ele ganhou?

c) A nota dada corresponde, como visto, ao adjetivo "Ótimo". Levante hipóteses: a quais adjetivos poderiam corresponder notas menores? E notas maiores?

d) A nota do crítico condiz com a crítica feita na resenha? Justifique sua resposta.

8. Observe a linguagem empregada na resenha lida.

a) As formas verbais variam entre tempos do presente e do passado. Com os colegas e o professor, analise essa variação e conclua: em quais trechos o autor majoritariamente emprega os verbos no passado e em quais trechos emprega os verbos majoritariamente no presente?

b) Que tipo de variedade linguística foi empregada?

c) A linguagem é pessoal, com o emprego da primeira pessoa, ou impessoal e indireta, com o emprego da terceira pessoa?

9. No penúltimo parágrafo da resenha, o autor faz uma ressalva ao livro resenhado.

a) Qual é essa ressalva?

b) Troque ideias com os colegas e o professor e deduza: para o autor, essa ressalva desmerece o livro? Justifique sua resposta.

10. Com base nos dois estudos realizados e com a orientação do professor, junte-se a alguns colegas para resumir as características básicas da resenha crítica. Preencham as lacunas do quadro a seguir.

Resenha crítica: construção e recursos expressivos	
Quem são os interlocutores da resenha?	
Qual é o objetivo da resenha?	
Onde a resenha circula?	
Qual é a estrutura da resenha?	
De que linguagens a resenha se constitui?	
Como se caracteriza a linguagem verbal da resenha?	

AGORA É A SUA VEZ

Você e os colegas já criaram um *blog* da turma. Nele, vocês vão postar os textos produzidos ao longo desta unidade. Para alimentar o *blog* e divulgar produções culturais sobre a comunicação nos dias atuais, façam resenhas sobre livros, filmes ou outros produtos culturais relacionados ao assunto.

Proposta 1

Com a orientação do professor, formem grupos e escolham uma obra literária para ler e resenhar. Vocês podem consultar as sugestões de títulos indicados na abertura desta unidade ou selecionar títulos entre os disponíveis na biblioteca da escola ou em outra biblioteca comunitária. Façam também uma pesquisa na turma, a fim de verificar se algum colega conhece e pode indicar algum outro livro com essa temática.

Proposta 2

Escolha um produto cultural que você conheça — filme, CD, jogo eletrônico, coleção de arte, etc. — e sobre o qual queira fazer uma resenha, recomendando ou não aos colegas e à comunidade escolar como um todo.

Planejamento do texto

Prostock-studio/Shutterstock

- Escolha o livro ou outro objeto cultural que vai ser resenhado.
- Anote algumas características objetivas do livro que julgue relevantes para serem apontadas: aspectos físicos da edição (tipo de capa, papel, ilustrações, tamanho da letra, etc.), autor, quantidade de páginas, editora, ano de publicação, ilustrador, tradutor, etc. Se for um objeto cultural de outro tipo, descreva os detalhes do objeto e de sua produção.
- Organize os dados selecionados sobre o objeto e defina se eles entrarão como uma ficha técnica, ou seja, como itens em tópicos, à parte do texto da resenha (veja boxe na página ao lado), ou se serão incorporados ao texto.
- Faça uma pesquisa sobre o autor do objeto cultural e a época em que ele foi produzido, e selecione informações relevantes que podem fazer parte da resenha.

- Selecione tópicos sobre o objeto que pretende abordar na resenha.
- Defina se vai fazer uma recomendação explícita ou se deixará sua visão implícita ao longo da resenha.
- Decida se vai fazer ressalvas a algum aspecto do objeto.
- Defina se vai citar algum trecho ou exemplo do objeto cultural e qual será ele.
- Eleja para a resenha um tom (sério, cômico, mais distante, mais pessoal, etc.) que seja consistente do começo ao fim do texto.
- Tenha em mente o leitor da resenha: colegas, professores e funcionários da escola, familiares e amigos que acessarão o *blog*.

Ficha técnica em resenhas

Para que o leitor da resenha consiga conhecer melhor a obra resenhada e, se interessado, encontrá-la, certas resenhas separam alguns dados do texto em que o autor resume e avalia a obra. Observe um exemplo:

Título - O diário de Anne Frank
Tradução - Alves Calado
Editora - Record
Edição - 43ª, Rio de Janeiro, 2014
ISBN - 9788501068200
Editado e revisado originalmente por Otto H. Frank e Mirjam Pressler
Design de capa, projeto gráfico e editoração eletrônica - Renata Vidal da Cunha
Classificação - ★★★★★♥

(Disponível em: https://www.voandocomlivros.com/post/o-diario-de-anne-frank-resenha. Acesso em: 30/11/2022.)

Escrita

- Apresente de forma geral o autor e o objeto cultural selecionado.
- Aborde os tópicos selecionados de forma clara e objetiva, construindo argumentos consistentes para defender seu ponto de vista.
- Se o objeto for um livro, ao citar um trecho dele, escolha um destaque apropriado e deixe claro que se trata de uma parte citada.
- Observe se os termos escolhidos estão coerentes com o tom que pretende dar ao texto, bem como com sua visão sobre o objeto, exposta na resenha.
- Empregue uma linguagem de acordo com a norma-padrão.

Revisão e reescrita

Concluída a etapa de produção, releia sua resenha, observando:

- se ela apresenta informações básicas sobre o objeto resenhado e seu autor;
- se os aspectos selecionados estão abordados de forma objetiva, deixando claro para os leitores a visão do autor da resenha sobre o objeto resenhado;
- se o trecho citado está copiado corretamente e destacado de forma que esteja claro para o leitor tratar-se de uma citação;
- se a escolha dos termos e expressões empregados está coerente com a visão do autor da resenha sobre o objeto resenhado;
- se a linguagem está adequada ao público e de acordo com a norma-padrão.

Escolha uma das resenhas escritas que você fez e produza uma versão digital dela, seguindo estes passos:

Planejamento do vídeo

- Faça um roteiro enumerando os principais pontos da resenha escrita que você não pode deixar de falar ao gravar o vídeo.
- Pense de que forma vai cumprimentar e se despedir de seus espectadores, e se vai adotar um tom menos ou mais formal para se dirigir a eles, sendo mais cômico e engraçado, mais sério e poético ou irônico.
- Defina se vai fazer alguma leitura relacionada ao objeto resenhado (por exemplo, um trecho do livro; da sinopse do filme; de alguma letra de canção; do CD; e assim sucessivamente) e em que momento do roteiro essa leitura deve entrar.
- Tome por base sua resenha escrita, mas faça adaptações no texto para que ele seja oralizado.
- Ensaie, observando que a fala deve ser espontânea e natural, e não apenas uma leitura de um texto escrito previamente.
- Escolha um cenário que preferencialmente se relacione ao objeto cultural alvo da resenha.

Gravação

- Dirija-se a seus espectadores e dialogue com eles, considerando o tom que você escolheu dar ao seu vídeo e com quem você está falando: colegas, professores e funcionários da escola, familiares e amigos.
- Reveja os pontos do roteiro e memorize a ordem em que vai abordá-los.
- Deixe claro se recomenda ou não ao espectador consumir o objeto cultural resenhado e por quê.
- Procure falar de forma clara e objetiva, explicitando os argumentos em defesa do seu ponto de vista.
- Se for fazer alguma leitura, esteja seguro ao impostar a voz.

Revisão e edição

Concluída a gravação do vídeo:

- confira se você seguiu o roteiro tal como planejado;
- observe se será necessário fazer algum corte ou regravar algum trecho que não tenha ficado bom;
- escolha um programa de edição de vídeo e áudio para inserir elementos tais como legenda, imagens, sons;
- veja se o volume da voz, o posicionamento em frente à câmera, a iluminação e o som ambiente estão adequados;
- observe se você falou sobre os pontos de forma objetiva e bem-fundamentada, deixando claro para os espectadores a sua visão sobre o objeto resenhado.

O papel dos *hiperlinks* em textos digitais

Leia o texto a seguir.

Antonio Prata

Escritor e roteirista, autor de "Nu, de Botas".

SEGUIR

Jardiel Carvalho/Folhapress

WHATSAPP

Há males que vêm para o mal

A pandemia normalizou sabe o quê? Vou falar o quê: a praga da mensagem de áudio

F 51

6.ago.2022 às 12h00

EDIÇÃO IMPRESSA

Ouvir o texto A– A+

Desgraças passam, mas deixam lêndeas. O apagão de 2001. Pelejamos por meses, vivemos no breu, deixamos a árvore de Natal sem luzinha coreana, passamos frio, nos ensaboando com o chuveiro elétrico desligado. Aí o racionamento foi chegando ao fim e quando a luz surgiu no fim do túnel, tava meio estranha. Menos luz. Menos fim do túnel. Era de lâmpadas fluorescentes. Nunca mais saímos deste corredor de hospital/cartório/laboratório.

Luz fria: só o nome já gela a espinha. É a dieta celíaca das pupilas. Deve ter alguma relação entre o glúten e as lâmpadas incandescentes. Foram cancelados na mesma época. Glúten engorda. Lâmpada incandescente esquenta. A casquinha do pão francês saindo do forno é amarela e quente como era a cúpula de um abajur na casa da minha avó. [...]

Ah, a pandemia vai nos fazer valorizar o contato humano! Ah, a pandemia vai nos ensinar a proteger a natureza! Ah, a pandemia vai mostrar ao mundo que a amizade, o convívio e o senso de comunidade devem prevalecer sobre a meritocracia de todos contra todos! [...] A pandemia normalizou sabe o quê? Sabe o quê? Vou falar o quê, pombas: a praga da mensagem de áudio.

[...]

notícias da folha no seu email

Digite seu e-mail

relacionadas

Pensamento cheddar duplo prensado

Estudio Folha/Folhapress

Sério mesmo, Elon?

A volta dos que não foram

A gente lê bem mais rápido do que escreve. A gente também lê mais rápido do que fala [...]. O cara que manda áudio cobra de você, ao recebê-lo, o mesmo tempo que ele gastou para enviá-lo, o que é, no mínimo, folgado.

Adams Carvalho/Folhapress

Adams Carvalho

Mandar um áudio sem antes ter a delicadeza de perguntar "posso te mandar um áudio?" é como aparecer na casa de alguém, sem ser convidado, para o jantar. (Pensando bem, "posso jantar na sua casa?" também soaria folgado). Esqueça a imagem. Mandar um áudio é como segurar no ombro de um conhecido numa festa e desandar a falar de si próprio, sem ser perguntado.

Acontece tanto, isso, né? Às vezes a pessoa desanda a falar "então eu saí da USP e fui fazer uma pós na Unicamp. Naquela época eu tava muito interessado em papapa pipipi popopó". Até parece que o cara tá numa entrevista de emprego e você é o empregador. Nessas horas a vida fica tão enfadonha, você sente tanta urgência de sair dali — o cara ainda tá em 98, até chegar em 2022 a pista já esvaziou — que até dá vontade, por pior que seja, de pedir: "amigo, por favor, será que você pode me mandar um áudio?".

(Disponível em: https://www1.folha.uol.com.br/colunas/antonioprata/2022/08/ha-males-que-vem-para-o-mal.shtml. Acesso em: 30/11/2022.)

1. O texto aborda a percepção do autor sobre uma forma de comunicação específica.

a) Qual é essa forma de comunicação?

____

____

b) Segundo o autor, um fato histórico estimulou a proliferação dessa forma de comunicação. Identifique esse fato e indique com qual outro fato anterior ele é comparado no texto.

____

____

c) Considerando sua resposta ao item **b**, levante hipóteses: qual relação há entre o fato histórico mencionado e a forma de comunicação abordada no texto?

____

____

____

2. O título do texto em estudo faz referência a outro texto.

a) Qual é esse outro texto e qual é o sentido dele?

____

____

b) Identifique a alteração feita pelo autor da crônica no texto original e explique o sentido do título nesse contexto.

3. Há, no texto, tal como foi publicado no portal, alguns trechos em destaque e que, no ambiente virtual da página *on-line*, são "clicáveis", isto é, redirecionam o leitor para outra página quando acionados pelo *mouse* ou pelo toque na tela. Esses textos em destaque são chamados *hiperlinks*.

Dark Moon Pictures/Shutterstock

a) Quais são os trechos em destaque no texto lido?

b) Qual recurso foi utilizado para destacar esses trechos?

c) Qual é a função desses *hiperlinks* no contexto?

d) Que outros recursos — cores, formatação, tipo de letra — usados em páginas da internet com a mesma função você conhece?

4. Deduza: O que aconteceria em cada situação caso o leitor clicasse em todos os *hiperlinks* identificados por você na questão anterior?

5. Além dos *hiperlinks* que aparecem no texto da notícia, há partes "clicáveis" distribuídas pela página. Identifique quais partes "clicáveis" correspondem a:

a) ícones de redes sociais;

b) botões que permitem interagir com o texto e/ou o autor;

c) botões com ferramenta de alteração no texto para fins de leitura;

d) sugestão para que o leitor receba notícia em seu *e-mail*;

e) outros textos e notícias relacionados ao conteúdo da notícia.

6. Se você estivesse lendo a notícia *on-line*, você clicaria em algum desses *hiperlinks*? Por quê?

____

____

____

7. Entre os itens a seguir, identifique aqueles que descrevem qual é a função dos *hiperlinks* em textos como esse.

- [ ] Expandir e aprofundar tópicos e assuntos mencionados.
- [ ] Levar o leitor a navegar também por outras páginas relacionadas ao assunto.
- [ ] Impedir que o leitor leia o texto integralmente.
- [ ] Desviar a atenção do leitor do texto principal.
- [ ] Deixar a leitura mais dinâmica e o texto mais enxuto.
- [ ] Confundir a leitura trazendo outros tópicos para a pauta, além do assunto principal do texto.
- [ ] Complementar a leitura com informações julgadas importantes pelo autor do texto.

Nesta unidade, você e os colegas estão produzindo um ou mais *blogs*, no(s) qual (quais) disponibilizarão trechos de diários e resenhas escritos por vocês. Assim como no portal que abriga o texto estudado, no *blog* vocês podem criar *hiperlinks*, a fim de deixar as postagens mais dinâmicas e completas.

Dessa forma, ao prepararem suas postagens para publicação no *blog*, vocês devem selecionar trechos dos textos de vocês que mereçam ser expandidos, aprofundados ou relacionados a outros textos, seja do próprio *blog*, seja de outras páginas da internet, de conteúdo variado.

Como fazer um *hiperlink*?

O *hiperlink* é uma ferramenta disponibilizada como recurso em editores de textos digitais, seja em programas de escrita de textos mais simples, seja em programas de apresentação de *slides*, seja em ferramentas de produção de textos *on-line*, como é o caso dos *blogs*.

Para inserir um *hiperlink*, é preciso selecionar o trecho do texto a ser destacado e encontrar, entre as ferramentas de edição de texto do programa utilizado, o recurso para fazer a inserção.

Em seguida, deve-se colar o endereço para a página a ser aberta pelo *hiperlink* e finalizar o procedimento.

Filipe Rocha/Acervo da editora

CAPÍTULO

3 Comentário de internet, dicas e tutoriais

O GÊNERO EM FOCO

Comentário de internet

É comum que espaços *on-line*, como *blogs*, portais de veículos de comunicação, páginas pessoais, etc., contenham a ferramenta **comentário**, que possibilita aos leitores manifestar seu ponto de vista sobre o tema do texto lido na própria página em que ele se encontra.

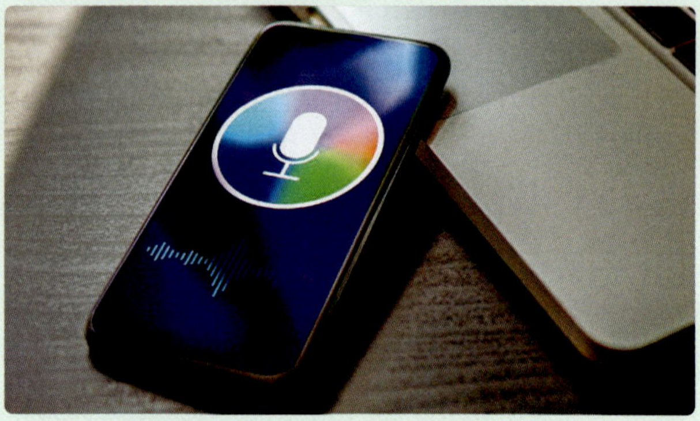

BestForBest/Shutterstock

Na seção **Para escrever com adequação** do capítulo 2, você leu o texto "Há males que vêm para o mal", de Antonio Prata. Leia, a seguir, alguns dos comentários de leitores sobre esse texto.

J. C. 7.ago.2022 às 12h15

Compartilho a ojeriza aos áudios, mas é pior que as lâmpadas. Afinal uma lâmpada fluorescente consome menos energia (e a LED menos ainda) que a incandescente. Já uma mensagem de áudio de um minuto precisa de 1000 vezes mais bytes que uma página A4 de texto! Haja 5G para tanto desperdício de ondas eletromagnéticas, e haja chips de memória para armazenar tudo isso no celular.

RESPONDA 4 DENUNCIE

G. A. V. 6.ago.2022 às 23h55

Tenho me vingado de quem me manda muito áudio, mando também com bastantes detalhes :) Na verdade o que salva é a possibilidade de acelerar, comecei com 1,5x agora só ouço no 2x.

RESPONDA 6 DENUNCIE

V. V. R. 7.ago.2022 às 9h01

Você se daria mal comigo. Eu ouço os áudios.

2 DENUNCIE

M. B. 7.ago.2022 às 7h44

Hahahahah, cara G., e eu — não uso drogas mais pesadas que e-mail — que ouvia aquele zip-zic-zuc-zap-ziiin saindo do mensajofone da minha amada e ficava curioso com o barulhinho? Fui até perguntar se tava dando algum B.O., repara na inocência... Hahaha!

0 DENUNCIE

C. G. 6.ago.2022 às 20h43

Quanto aos áudios, lamento. Mas algum querido já lançou lâmpadas fluorescentes amarelinhas como as incandescentes. Agora podemos nos aconchegar sob a nostalgia de um abajur amarelão.

RESPONDA 5 DENUNCIE

M. I. C. 6.ago.2022 às 14h33

Uma falta de assunto. Que ridículo!

RESPONDA 0 DENUNCIE

F. M. L. 7.ago.2022 às 19h58

M., você leu a resposta ao seu comentário dada pelo H.? Se não, leia. Senão jamais saberá o que é uma crônica.

1 DENUNCIE

H. B. 6.ago.2022 às 19h08

Não concordo. O maior mérito dos grandes cronistas é esse mesmo: pegar um assunto banal e falar nele de maneira interessante, como nós mortais comuns não somos hábeis. O Antônio Prata faz parte do meu rol de cronistas favoritos. Ele é mestre nessa área de ver no cotidiano seus aspectos mais inusitados e paradoxais.

17 DENUNCIE

J. R. 6.ago.2022 às 18h45

Não concordo. Mensagens de áudio me irritam muito. Quanto tempo perdido em ouvir quando eu poderia simplesmente passar os olhos e entender. Muito chato!

11 DENUNCIE

(Disponível em: https://comentarios1.folha.uol.com.br/comentarios/6219639?skin=folhaonline. Acesso em: 30/11/2022.)

1. Os comentários feitos por internautas podem ter diferentes finalidades. A seguir, assinale as que se aplicam aos comentários lidos.

- [ ] Confirmar ou reforçar o que o texto diz.
- [ ] Discordar do que o texto diz.
- [ ] Acrescentar informações ao texto.
- [ ] Corrigir dados considerados errados apresentados no texto.
- [ ] Criticar o autor do texto.
- [ ] Elogiar o autor do texto.
- [ ] Fazer referência a textos postados anteriormente.
- [ ] Compartilhar informações pessoais.
- [ ] Divulgar as redes sociais do seu autor.

2. Há dois comentários que em parte concordam, em parte discordam do ponto de vista do autor do texto.

a) Quais são eles?

____

____

b) Em que aspectos eles discordam e em que aspectos eles concordam com o autor do texto?

____

____

____

____

____

____

c) Identifique, entre as opções a seguir, a palavra ou expressão utilizada nesses comentários para introduzir o contraponto ao texto do autor.

- [ ] mas
- [ ] na verdade
- [ ] não concordo

d) Um desses comentários justifica o ponto discordante com um argumento de caráter técnico. Explique-o.

3. Um dos comentários lidos contém uma postura mais agressiva, que ofende o autor do texto.

a) Qual é esse comentário? Identifique os termos e as expressões ofensivos nele presentes.

b) O autor desse comentário fundamenta ou justifica seu posicionamento? Que efeito de sentido essa escolha constrói no contexto?

"Vc tb iskrevi axim?"

Para facilitar a comunicação pela internet, surgiu uma nova linguagem: o internetês. Assim como ocorre com a linguagem de alguns gêneros há muito tempo utilizados, como os anúncios classificados e os telegramas, o princípio do internetês é reduzir cada palavra ao seu essencial, abreviando a maioria delas: **beijo** vira **bj**, **também** vira **tb**, **porque** vira **pq**. Além disso, há outros tipos de mudança: os acentos podem ser eliminados, **qu** pode ser substituído por **k** ou **ch** e dois **s**, por **x**. Também pode haver mudança nas vogais deixando as palavras mais próximas da forma como são pronunciadas na região em que vive a pessoa que escreve o texto (como a troca do **e** pelo **i** em **iskrevi**).

É importante saber que o uso dessa linguagem é adequado apenas em certos gêneros, nos quais se deseja uma quantidade menor de caracteres ou maior agilidade na digitação, como nos já citados anúncios classificados e telegramas ou em gêneros digitais, como *e-mail*, bate-papos virtuais, *blogs*, troca de mensagens no WhatsApp, entre outros. Ainda assim, nesses gêneros digitais se emprega essa linguagem quando a situação de comunicação não é estritamente formal e quando há certa intimidade entre os interlocutores.

Heena Rajput/Shutterstock

Em situações mais formais e em gêneros não digitais cujo funcionamento social não prevê essa economia (de tempo ou de espaço), o uso dessa linguagem é inadequado e, por isso, deve ser evitado.

4. Entre os comentários lidos, é possível perceber dois grupos cujos autores respondem ou fazem referências diretamente uns aos outros.

a) Quem faz parte de cada um desses dois grupos?

b) Os participantes desses grupos pensam todos da mesma forma? Justifique.

c) Em qual desses grupos a linguagem empregada é mais descontraída? E em qual é menos descontraída? Justifique sua resposta com base em termos e expressões dos comentários.

d) Qual expressão é utilizada por participantes do outro grupo para manifestar sua divergência de opinião?

e) Considerando sua resposta ao item anterior e o teor dos comentários, troque ideias com os colegas e levante hipóteses: quais fatores contextuais podem ter influenciado nessa diferença entre as linguagens?

5. Releia estes comentários:

M. B.

Hahahahah, cara G., e eu - não uso drogas mais pesadas que e-mail - que ouvia aquele zip-zic-zuc-zap-ziiin saindo do mensajofone da minha amada e ficava curioso com o barulhinho? Fui até perguntar se tava dando algum B.O., repara na inocência... Hahaha!

F. M. L.

M., você leu a resposta ao seu comentário dada pelo H.? Se não, leia. Senão jamais saberá o que é uma crônica.

a) Ambos se dirigem diretamente a seu interlocutor, interpelando-o. Quem é o interlocutor de cada um desses comentários e qual termo ou expressão é utilizado em cada um para fazer essa interpelação direta?

b) Troque ideias com os colegas e o professor: quais sentidos são construídos pelo emprego da expressão "drogas mais pesadas" no comentário de M. B.? Com qual expressão do comentário de G. ele dialoga?

c) Levante hipóteses: a que corresponde o trecho "zip-zic-zuc-zap-ziiin", considerando-se o contexto do comentário? Por que, ao ouvi-lo, o autor do comentário perguntou "se tava dando algum B.O."?

d) Releia o comentário de H. B. e deduza: por que ele poderia ajudar M. I. C. a saber o que é uma crônica?

6. Com base no estudo dos comentários de leitores, conclua:

a) Na relação entre autor e interlocutor, qual é o efeito do uso de linguagem menos ou mais formal?

b) O simples fato de um texto ser publicado na internet cria a exigência de a linguagem ser menos ou mais formal?

c) Que elementos da situação de comunicação orientam a escolha da linguagem a ser empregada em textos como esse?

7. Reúna-se com os colegas de grupo e, juntos, completem o quadro a seguir, indicando quais são as características básicas de um comentário de internet.

Comentário de internet: construção e recursos expressivos	
Quem são os interlocutores do comentário de internet?	
Qual é a finalidade do comentário de internet?	
Em qual suporte/veículo circulam comentários de internet?	
Como os comentários de internet se estruturam?	
Sobre quais assuntos trata o comentário de internet?	
Como é a linguagem do comentário de internet?	

AGORA É A SUA VEZ

Ao longo desta unidade, você e os colegas de turma estão organizando um *blog*. A seguir, há duas propostas de produção de comentários nesse contexto. Leia-as e defina com o professor como deve realizá-las.

Proposta 1

Reunidos em grupos e seguindo indicações do professor, escolham uma ou mais páginas virtuais que apresentem a ferramenta "Comentários" e produzam um ou mais comentários a propósito de um texto ou assunto do interesse de todos. Depois, acompanhem a publicação do(s) texto(s).

Proposta 2

Leia as resenhas escritas e veja as resenhas digitais produzidas por vocês no capítulo anterior desta unidade. Escolha uma ou mais resenhas que contenham apontamentos e impressões com os quais você e os colegas possam estabelecer um debate por meio da ferramenta "Comentários". Depois, produza individualmente um ou mais comentários sobre as postagens escolhidas.

Proposta 3

Leia os diários e veja os *vlogs* produzidos pelos colegas. Depois, faça comentários sobre aqueles que, por algum motivo, tocaram você de forma mais pessoal, dialogando com o que eles dizem.

Nos dois casos, apresente informações e argumentos que fundamentem seu ponto de vista, especialmente se ele divergir da opinião do autor do texto.

Planejamento do texto

- Defina a quem vai se dirigir com seu comentário: diretamente ao autor do texto comentado? A algum outro comentário especificamente? Aos leitores em geral?
- Tenha em mente o perfil das pessoas que vão ler seu comentário. Na primeira proposta, trata-se de internautas em geral; na segunda e terceira propostas, trata-se de colegas da turma, de outras turmas da escola e internautas em geral.
- Reflita cautelosa e conscientemente sobre seu posicionamento em relação ao conteúdo do texto que você vai comentar.
- Pense em quais informações, dados ou argumentos podem fundamentar seu posicionamento.

Escrita

- Adote um posicionamento consistente e expresse claramente sua posição a respeito do texto com o qual seu comentário dialoga, dizendo, por exemplo, se concorda ou discorda de algo ou se é a favor ou contra.
- Escreva de maneira resumida, já que nesse gênero a síntese é desejável.
- Para fundamentar seu ponto de vista, utilize argumentos. Você pode se referir a causas ou a consequências do problema abordado, citar exemplos, fazer comparações, mencionar dados estatísticos (se for o caso), etc.
- Busque empregar uma linguagem adequada, com maior ou menor descontração e variação no grau de informalidade, de acordo com o interlocutor, o público em vista e o efeito que você deseja.

Revisão e reescrita

Antes de publicar o comentário, releia-o, observando se:

- ele deixa claro seu posicionamento sobre o tema abordado;
- ele apresenta argumentos que fundamentam seu ponto de vista;
- ele é sintético, como convém ao gênero;
- a linguagem está de acordo com o perfil do público-alvo.

Dicas e tutoriais

No capítulo 1 desta unidade, no boxe da página 79, você aprendeu a construir um *blog*. Para tanto, você leu um texto com instruções que indicavam os procedimentos necessários a serem seguidos na construção de um *blog*. Textos como esse são comuns em nosso cotidiano e têm o objetivo de dar orientações a fim de realizar uma tarefa ou seguir alguns procedimentos: receitas, bulas, regras de jogo, leis, códigos, manuais de instrução, editais, etc. As dicas e os tutoriais, facilmente encontrados em diversos *sites* da internet, têm esse mesmo objetivo. Leia o texto a seguir e compare-o ao texto do boxe da página 79.

Dicas para gravar vídeos incríveis com o seu smartphone

Por Joyce Macedo

Os smartphones atuais podem ser realmente incríveis para quem aprecia praticidade e boa qualidade de imagem. Recursos como resolução 4K, estabilização de imagem e HDR permitem a gravação de vídeos dignos de Hollywood (ou quase isso) usando apenas o pequeno aparelho.

Porém, na grande maioria das vezes, o que faz um vídeo ser realmente bom é a pessoa por trás da câmera e não as ferramentas que ela possui. Pensando nisso, separamos algumas dicas simples que podem te ajudar a aproveitar a vantagem da mobilidade para capturar imagens melhores com o seu smartphone.

Reprodução/canaltech.com.br

Limpe a lente

Essa dica pode parecer ridícula, mas você ficaria impressionado ao saber quanta sujeira e gordura se acumulam na lente da câmera do seu smartphone.

Atenção ao áudio

Áudios ruins podem acabar com uma boa gravação de vídeo, e o fato do seu aparelho conseguir gravar uma locução decente em um ambiente silencioso não quer dizer que ele também vai se sair tão bem em ambientes abertos e barulhentos.

Se você vai gravar pessoas falando, chegue mais perto delas para evitar ruídos do ambiente — como vento, por exemplo. Além disso, certifique-se de não cobrir o microfone do smartphone na hora de gravar um vídeo.

Fotografias: jajaboy stock photo/Dots777/Ewelina Wachala/Shutterstock

Filme na horizontal

Se você quer que as pessoas vejam o seu vídeo em tamanho real no monitor de um computador ou em uma TV, mantenha o seu smartphone na horizontal enquanto grava. Filmar com o telefone na posição vertical pode parecer ótimo quando você está olhando para a tela do smartphone, mas assim que você joga o vídeo para qualquer outro lugar, o resultado será uma imagem no meio da tela com faixas pretas em ambos os lados.

[...]

Use as duas mãos

Georgijevic/Shutterstock

Para gravar um vídeo mais suave e estável, use as duas mãos para segurar o smartphone. Para aumentar ainda mais a estabilidade, tente manter os cotovelos na lateral do seu corpo. Firmar bem os pés no chão e mover toda a parte superior do corpo — e não apenas a câmera — também pode resultar em movimentos mais suaves.

[...]

Use a luz a seu favor

A luz é uma parte importantíssima na hora de conseguir uma boa imagem. No entanto, ela pode ser sua amiga ou inimiga durante uma filmagem. É preciso saber trabalhar com a luz disponível e usá-la a seu favor. Ao ar livre, por exemplo, tente encontrar uma posição onde o sol está iluminando uniformemente a cena que você deseja gravar.

Se algumas partes da cena estão muito claras ou muito escuras, adquira o hábito de mudar sua posição até encontrar outro ângulo que ainda permita o enquadramento desejado, mas onde a luz esteja melhor.

[...]

Edição e compartilhamento

Não é preciso perder horas editando seus vídeos. Muitas vezes, apenas cortar o início e o fim de uma gravação e organizar as imagens obtidas em uma ordem lógica já são o suficiente para um resultado legal.

Na maioria dos casos, é possível fazer essas pequenas alterações no próprio aplicativo nativo do smartphone, mas o que não falta por aí são aplicativos de edição de vídeo que abrem mais possibilidades para melhorar suas imagens.

Outra dica é compartilhar suas gravações, afinal não existe forma melhor de obter um feedback de onde você está acertando e onde ainda precisa melhorar. Mostre os vídeos para seus amigos e aguarde os comentários (construtivos, é claro) para aperfeiçoar cada vez mais suas técnicas.

(Adaptado de: https://canaltech.com.br/produtos/10-dicas-para-gravar-videos-incriveis-com-o-seu-smartphone/. Acesso em: 3/9/2022.)

Reprodução/canaltech.com.br

1. O texto lido no capítulo 1 (página 79) é um tutorial, e o texto que você acabou de ler, como indica o título, é um texto de dicas.

a) Quem produziu cada um deles? Qual é o perfil dos produtores desse texto?

b) A quem cada um deles se dirige?

c) Qual é o objetivo de cada um deles?

2. Observe a estrutura dos dois textos.

a) Qual deles contém sugestões de como agir em uma situação específica?

b) Qual deles contém ações a serem seguidas em uma ordem predeterminada?

c) Levando em conta os objetivos de cada um dos textos, discuta com os colegas e o professor: Por que eles têm essas variações estruturais entre si?

3. Observe as formas verbais utilizadas nos itens numerados do tutorial "Criar um *blog*", do capítulo 1, e nos títulos das dicas lidas.

a) Identifique algumas dessas formas verbais e indique a quem elas se dirigem.

b) Identifique a opção que descreve melhor o modo de agir que essas formas verbais indicam.

- dúvida, hipótese
- ordem, aconselhamento
- certeza, verdade

c) Nem todos os títulos contêm essas formas verbais. Identifique quais não são compostos por elas e reescreva-os, acrescentando uma forma verbal que mantenha o sentido do texto e que indique a mesma forma de agir das demais.

4. Sobre as dicas lidas:

a) Elas são imprescindíveis para que uma pessoa consiga gravar "vídeos incríveis"?

b) Elas precisam ser seguidas exatamente na ordem em que aparecem no texto?

5. Há uma lógica na ordenação das dicas no texto lido. Identifique quais procedimentos estão relacionados:

a) aos procedimentos anteriores à gravação do vídeo:

b) aos procedimentos ligados ao momento da gravação do vídeo:

c) aos procedimentos posteriores à gravação do vídeo:

6. Releia estes trechos das dicas:

I. "na grande maioria das vezes, o que faz um vídeo ser realmente bom é a pessoa por trás da câmera"

II. "Essa dica pode parecer ridícula"

III. "Se você quer que as pessoas vejam o seu vídeo em tamanho real"

IV. "assim que você joga o vídeo para qualquer outro lugar, o resultado será uma imagem no meio da tela com faixas pretas em ambos os lados"

V. "ela pode ser sua amiga ou inimiga durante uma filmagem"

VI. "aguarde os comentários (construtivos, é claro) para aperfeiçoar"

fizkes/Shutterstock

a) A linguagem nesses trechos está de acordo ou em desacordo com as regras da norma-padrão?

b) Quais deles podem ser considerados menos formais e quais podem ser considerados mais formais? Justifique sua resposta com exemplos dos trechos.

c) Que efeito de sentido é criado em um texto como esse, de dicas, ao se utilizar uma linguagem em um tom menos formal?

Os tutoriais em vídeo

É cada vez mais comum a presença dos tutoriais em vídeo. Pelas plataformas de armazenamento disponibilizadas na internet, encontram-se tutoriais em vídeo ensinando a cozinhar, a se maquiar, a compor peças de roupa, a trabalhar com ferramentas digitais, entre infinitas outras atividades que podem ser ensinadas para um grande público por quem tem algum conhecimento ou por alguém que, mesmo sem ter conhecimento, queira compartilhar suas experiências. Você costuma ver vídeos de tutoriais na Internet? Quais são os seus preferidos?

Reprodução/Youtube/Cartoon Network Brasil

Reprodução/Youtube/Mari Freitas

Reprodução/Youtube/Valquiria Brito

fizkes/Shutterstock

simona pilolla 2/Shutterstock

7. Observe as imagens do texto das dicas. Identifique, entre as possíveis funções de um texto não verbal listadas a seguir, aquelas que são cumpridas pelas imagens do texto em estudo.

- [ ] Complementar o que diz o texto verbal.
- [ ] Dar a mesma informação do texto verbal por meio de gráficos.
- [ ] Enfeitar a página apenas, evitando espaços em branco.
- [ ] Ilustrar as orientações dadas no texto verbal.
- [ ] Facilitar a visualização e chamar a atenção do leitor.
- [ ] Indicar, passo a passo, as ações que o leitor deve realizar.

8. Entre as descrições a seguir, identifique com um **T** as que se referem ao tutorial lido no capítulo 1 e com um **D** as que se referem às dicas lidas nas páginas 118 a 120.

- [ ] linguagem objetiva e em tom de obrigatoriedade
- [ ] linguagem subjetiva e sugestiva
- [ ] tom mais informal
- [ ] tom mais formal
- [ ] orientações intercaladas com justificativas e argumentos
- [ ] orientações diretas e sucintas

9. Discuta com os colegas e o professor: As características básicas do tutorial e das dicas lidas, apontadas por você na questão anterior, podem variar, dependendo da situação de comunicação em que esses textos são produzidos, ou são essencialmente predeterminadas, devendo ser mantidas de forma fixa e inflexível? Justifique sua resposta.

____

____

____

____

____

____

10. Reúna-se com os colegas de grupo e, juntos, completem o quadro a seguir, indicando quais são as características básicas de tutoriais e textos de dicas.

Tutoriais e textos de dicas: construção e recursos expressivos	
Quem são os interlocutores de tutoriais e textos de dicas?	
Qual é a finalidade de tutoriais e textos de dicas?	
Em qual suporte/veículo circulam tutoriais e textos de dicas?	
Como tutoriais e textos de dicas se estruturam?	
Sobre quais assuntos tratam tutoriais e textos de dicas?	
Como é a linguagem de tutoriais e textos de dicas?	

AGORA É A SUA VEZ

Há, a seguir, duas propostas de produção de textos de dicas ou tutoriais para serem disponibilizados no *blog* da turma.

Proposta 1

Monkey Business Images/Shutterstock

Reunidos em grupos, preparem uma postagem para o *blog* da turma em forma de tutorial, ensinando os leitores de vocês a comentar as postagens. Escrevam passo a passo as orientações que devem ser seguidas, desde o momento em que o leitor deseja fazer o comentário até a fase final, quando o texto dele é publicado no *blog*. Lembrem-se de que podem ser preparados esquemas e imagens que facilitem a compreensão das ações a serem executadas.

Proposta 2

O que você acha que sabe fazer muito bem? Escolha um tema para o qual você julgue que tem aptidão e facilidade e elabore dicas e sugestões para os leitores do *blog*, a fim de que as pessoas que não têm o mesmo conhecimento possam aprender ou aprimorar determinadas práticas. Se você não tiver uma ideia, seguem alguns tópicos como sugestão:

- Dicas para ser um(a) bom (boa) amigo(a)
- Dicas para viver bem em família
- Dicas para fazer um (nome de algum prato culinário) simples e delicioso
- Dicas para fazer uma maquiagem de carnaval/de Halloween/de festa à fantasia
- Dicas para ter uma vida mais saudável
- Dicas para otimizar seu tempo de estudo

nnattalli/Shutterstock

Planejamento do texto

- Decida sobre qual assunto vai ser seu texto e se você prefere fazer um tutorial passo a passo ou acredita que um texto com dicas e sugestões seja mais pertinente para concretizar sua ideia.
- Tenha em mente qual vai ser seu público para definir se é conveniente usar termos técnicos ou se é melhor evitá-los.
- Decida o tom de linguagem que você pretende utilizar, se menos ou mais formal, tendo em vista toda a situação de comunicação envolvida.
- Procure imagens que contribuam para complementar o texto verbal, chamando a atenção dos leitores e facilitando a compreensão.
- Pense em uma lógica para ordenar as orientações ou as dicas.

Alter-ego/Shutterstock

Tutorial em imagens para fazer um penteado com trança.

Escrita

- Utilize formas verbais dirigidas diretamente aos leitores, dando uma ordem, uma sugestão ou uma orientação.
- Empregue termos menos ou mais técnicos que sejam adequados ao público-alvo.
- Se preferir, desenvolva a orientação principal, justificando o porquê daquele passo em meio a todo o procedimento.
- Insira as imagens de forma alinhada aos trechos que elas ilustram.

Revisão e reescrita

Antes de publicar a versão final do seu tutorial ou seu texto de dicas no *blog* da turma, reveja-o, verificando se:

- a linguagem está adequada ao seu público-alvo;
- o grau de informalidade do texto está adequado ao contexto da publicação;
- as imagens utilizadas complementam o texto verbal e facilitam a compreensão;
- a sequência de orientações está adequada;
- você utilizou formas verbais que se dirigem diretamente aos leitores, instruindo-os na realização das ações.

OFICINA DE CRIAÇÃO

Projeto » Comunicação em rede: eu e o mundo

1. Pesquisa: agenda nossa de cada dia

Façam uma pesquisa com colegas da escola, familiares, amigos e conhecidos, perguntando a eles se usam agenda ou diário e como os utilizam, o que costumam registrar, se são feitos de papel ou se são digitais, com que finalidade os utilizam, etc. Aos adultos, perguntem também se já usaram diário ou agenda em outra época e para quê.

ZouZou/Shutterstock

Anotem as respostas, organizem os dados obtidos em tabelas e gráficos e exponham os resultados no *blog*. Vocês podem organizar as informações por idade, por época, por gênero, por exemplo. Se possível, peçam ajuda ao professor de Matemática nessa tarefa.

2. Resgate de diários e agendas

Peçam aos familiares que resgatem agendas e diários antigos para serem fotografados e expostos no *blog*. Caso encontrem uma pessoa que colecione diários ou agendas, também é possível gravar um *vlog* para mostrar essa coleção e conversar sobre a prática de escrever ou colecionar diários e/ou agendas.

3. Diários de bordo

Alimentem o *blog* com as imagens dos diários que vocês fizeram, contando a participação de cada um nas atividades propostas nesta unidade. Organizem um espaço virtual de memórias que permita aos visitantes ler os relatos de vocês e para que eles conheçam todo o trabalho feito para que os textos fossem escritos e o *blog* pudesse ser produzido.

4. Resenhas

Reservem um espaço virtual no *blog* para disponibilizar as resenhas escritas e digitais que vocês produziram nesta unidade. Pensem na melhor forma de organizá-las no *blog*: de acordo com o objeto resenhado, com o formato da resenha, com os autores que as produziram, etc.

5. Resenhando diários

Façam uma seleção de livros e filmes que sejam diários ou que tematizem essa escrita, como *O diário de Anne Frank*, que você estudou nesta unidade. Dividam-se para ler os livros e assistir aos filmes selecionados e produzam resenhas escritas ou digitais para serem publicadas no *blog*.

6. Dicas e tutoriais

Montem um espaço no *blog* para publicar os textos de dicas e tutoriais elaborados por vocês no capítulo 3 desta unidade. Analisem o conjunto de textos e discutam qual a melhor forma de organizá-los.

7. Lendo e comentando

Leiam os textos postados pela turma no *blog*, depois interajam e comentem. Antes de escrever seus comentários, leiam atentamente os dos colegas e observem se o que vocês têm a dizer dialoga com algum dos comentários já postados. Em caso afirmativo, procurem responder a eles, estabelecendo uma conversa direta em vez de abrir um novo comentário.

8. Lançamento do *blog* da turma

Divulguem o *blog* e as produções textuais de vocês. Se for possível, disponibilizem um ou mais computadores em um espaço da escola para que os membros da comunidade escolar (familiares, professores, alunos de outras turmas, funcionários, etc.) possam acessar o *blog* e ler os textos de vocês. Caso não seja viável, façam cartazes e folhetos divulgando o endereço e os textos do *blog* para que eles acessem quando puderem. Incentivem-nos a comentar as postagens, disponibilizando um tutorial sobre como fazer comentários em *blogs*. Nesse tutorial, além de dicas sobre a ferramenta **comentários**, vocês podem abordar a adequação do comentário, explorando questões de linguagem e conteúdo que aprenderam.

Filipe Rocha/Acervo da editora

UNIDADE 3

Aventura e crime

Esta unidade de ensino contempla:

5 habilidades da BNCC

Habilidades do campo artístico-literário, com foco na criação de contos.

2 gêneros textuais

Conto de aventura e conto policial.

2 recursos: Para escrever com técnica

Estrutura da narrativa e ponto de vista narrativo.

64 atividades: compreensão, interpretação, oralidade e escrita

Diversas atividades individuais e em grupo; propostas de produção de contos e *vids*.

Projeto: Oficina de Criação

Participar com os colegas da criação de livros de contos de aventura e contos policiais, da montagem de uma exposição desses livros e da produção de *vids*.

A menina avoada

[...]
Meu irmão pregava no caixote
duas rodas de lata de goiabada.
A gente ia viajar.

As rodas ficavam cambaias debaixo do caixote:
Uma olhava para a outra.
Na hora de caminhar
as rodas se abriam para o lado de fora.
De forma que o carro se arrastava no chão.
Eu ia pousada dentro do caixote
com as perninhas encolhidas.
Imitava estar viajando.

Meu irmão puxava o caixote
por uma corda de embira.
Mas o carro era diz-que
puxado por dois bois.

[...]
No caminho, antes, a gente precisava
de atravessar um rio inventado.
Na travessia o carro afundou
e os bois morreram afogados.
Eu não morri porque o rio era inventado.
[...]

Biry Sarkis/Acervo da editora

(Manoel de Barros. *In: Exercícios de ser criança*. São Paulo: Companhia das Letrinhas, 2021, p. 33-42.)

FIQUE LIGADO! *Pesquise!*

Reprodução/Legendary Pictures/PCMA Productions/Netflix

Enola Holmes, de Harry Bradbeer; *Sr. Sherlock Holmes*, de Bill Condon; *As aventuras de Sherlock Holmes*, de John Hawkesworth; *Assassinato no Expresso do Oriente*, de Kenneth Branagh.

Reprodução/Clássicos Zahar

Os melhores contos de aventura, org. por Flávio Moreira da Costa (Agir); *O lobo do mar* (Zahar) e *Caninos brancos* (Martin Claret), de Jack London; *Moby Dick*, de Herman Melville (várias editoras); *A ilha do tesouro*, de Robert Louis Stevenson (várias editoras); *Robinson Crusoé*, de Daniel Defoe (Penguin e Companhia das Letras); *Histórias de detetive*, col. Para gostar de ler, volume 12 (Ática); *Os 100 melhores contos de crime e mistério da literatura universal*, org. por Flávio Moreira da Costa (Ediouro); *Os mistérios de Enola Holmes – O caso dos buquês bizarros*, de Nancy Springer (Novo Século); *Se eu fosse Sherlock Holmes*, de Medeiros e Albuquerque (Ficção).

Sherlock Holmes: aventuras secretas (O maior detetive do mundo — Livro 1), org. por Carlos Orsi e Marcelo A. Galvão, e *Sherlock Holmes: o jogo continua (O maior detetive do mundo — Livro 2)*, org. por Marcelo A. Galvão e Cirilo S. Lemos (Draco); *Assassinatos na Rua Morgue (e outras histórias)*, de Edgar Allan Poe (várias editoras). Alguns desses títulos são oferecidos gratuitamente na plataforma Kindle.

Reprodução/Editora Saraiva

FIQUE LIGADO! *Escreva!*

Seja você o detetive. Preste atenção num dos crimes que o famoso detetive Sherlock Holmes desvendou:

Effie era uma jovem viúva quando Dr. Munro a viu pela primeira vez. Apaixonaram-se e casaram-se em poucas semanas. Dr. Munro relata ao detetive Sherlock Holmes que estão casados há apenas três anos e que jamais tiveram um único desentendimento. Viviam em perfeita harmonia até que, certo dia, a esposa lhe pediu uma grande quantia, sem explicar para que seria. Depois, passou a realizar visitas a um chalé próximo à sua residência para onde, recentemente, tinha se mudado uma pessoa misteriosa. Pressionada, a esposa dizia que estava apenas protegendo a honra e a felicidade do marido.

Biry Sarkis/Acervo da editora

- O que estaria acontecendo com Effie? Para que ou para quem seria o dinheiro? O que havia dentro do chalé? Que pistas Sherlock Holmes poderia encontrar nessa situação para desvendar o mistério?
- Escreva o final desta história, em que Sherlock Holmes conta o que fez para solucionar o mistério e explica o que ocorreu com Effie.

Certamente, você leu muitas histórias ou viu muitos filmes de aventuras ou com enredos que envolviam crimes e detetives. Considerando o que você conhece sobre histórias desse tipo, troque ideias com os colegas sobre estas questões:

1. Qual é o nome do livro e do filme adaptado que conta a história de um pescador que um dia pegou um peixe enorme e levou dias para dominar o animal?
2. Qual é o nome de um náufrago que vive numa ilha deserta e tem um amigo nativo chamado Sexta-Feira?
3. Qual é o nome da obra em que uma baleia-branca (cachalote) foi perseguida e ferida por baleeiros e, mesmo assim, conseguiu destruir todos eles?
4. Qual é o nome do assistente do mais famoso detetive da literatura?
5. Qual é o escritor que inventou histórias incríveis, como a de viajar pelo mundo num balão em 80 dias, ou a de fazer uma excursão até o centro da Terra, ou a de viajar 20 mil léguas em um submarino no fundo do mar?
6. Quem é considerado o criador do conto policial: Conan Doyle, criador do personagem-detetive Sherlock Holmes, ou Edgar Allan Poe, criador do detetive Auguste Dupin?
7. Qual é o nome da obra que conta as aventuras de um mercador veneziano que vai até a China e descreve aos leitores europeus as maravilhas de Pequim e de outros países da Ásia?

Os livros comentados por você e os colegas são histórias (romances e contos) de aventura e histórias de detetive. Vamos conhecer um pouco desses gêneros?

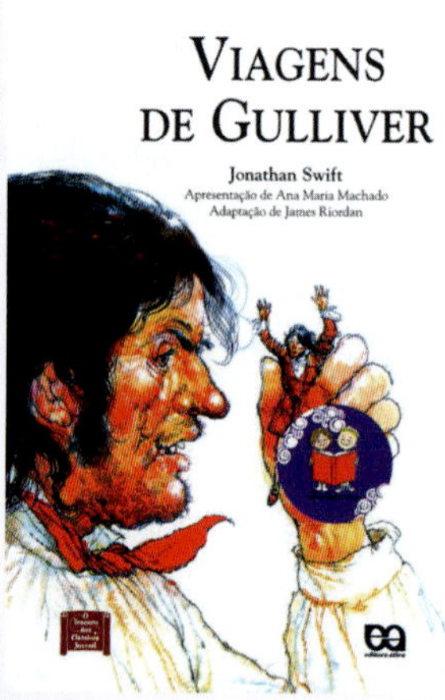

Reprodução/Editora Ática

Viagens de Gulliver, de Jonathan Swift, uma típica história de aventura, mas com reflexões sobre a vida dos homens em sociedade.

Reprodução/Editora Martin Claret

Caninos brancos, de Jack London, clássico da literatura de aventura, lançado em 1906.

Histórias de aventuras

As histórias de viagens e aventuras sempre fizeram parte da imaginação humana e estão presentes nas mais antigas obras da literatura universal, como *Ilíada* e *Odisseia*, ambas do escritor grego Homero (século IX ou VIII a.C.), que narram as aventuras de heróis gregos. As histórias de aventuras se estendem por toda a Idade Média, com as narrativas da cavalaria medieval, pelo Renascimento, com as crônicas que tratam das viagens marítimas a outros continentes, até chegar ao século XIX, quando surgem o conto e o romance de aventura modernos.

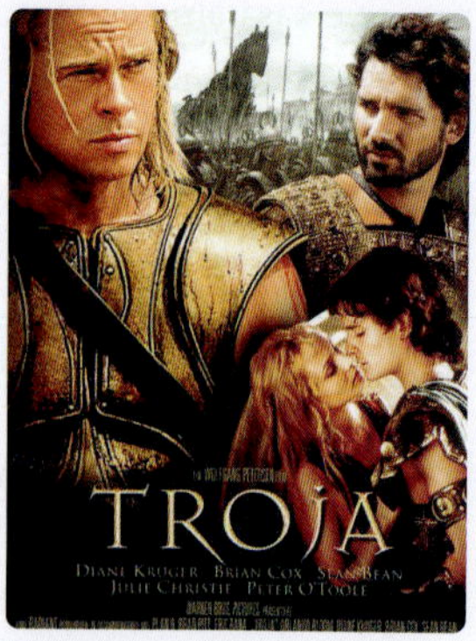

Alamy/Fotoarena

Cartaz do filme *Troia*, que conta as aventuras dos gregos na Guerra de Troia.

O romance e o conto de aventura modernos

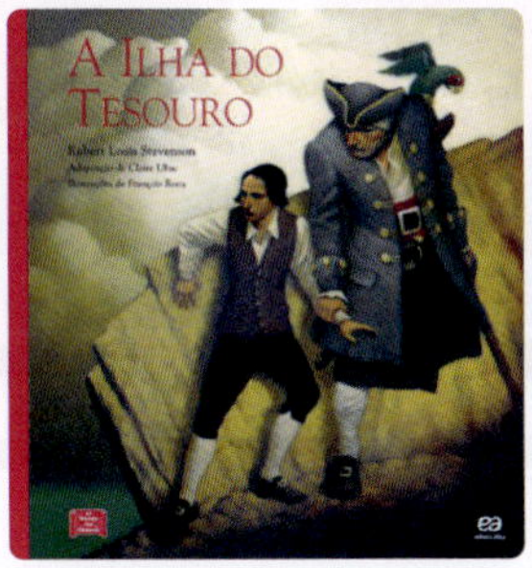

Editora Ática/Arquivo da Editora

O romance e o conto são gêneros literários que estão em formação há muitos séculos, mas a origem dos contos e dos romances como eles se apresentam hoje data do final do século XVIII e início do século XIX. Alguns dos vários romances e contos produzidos na época contavam histórias de heróis que se aventuravam em lugares desconhecidos e perigosos, pondo em risco a própria vida e enfrentando desafios difíceis e excitantes.

No século XIX, muitos escritores passam a cultivar esse tipo de aventura, entre eles, Jonathan Swift, com *Viagens de Gulliver*, Herman Melville, com *Moby Dick* e Robert Louis Stevenson, com *A ilha do tesouro*.

Crimes e assassinatos

Reprodução/Companhia das Letras

As histórias que envolvem crimes e assassinatos são muito antigas e já faziam parte até mesmo da Bíblia, como se observa no episódio em que Caim mata Abel.

No século XIX, entretanto, surge uma fértil produção de narrativas (romances e contos) que envolvem crimes, mistério e investigação policial.

O escritor americano Edgar Allan Poe é considerado o criador do conto policial, e algumas de suas histórias, como *Os assassinatos na Rua Morgue* e *O retrato oval*, são lidas até hoje com muito interesse.

Também no século XIX, o escritor britânico Arthur Conan Doyle dá continuidade ao gênero e cria o mais importante detetive das histórias policiais: Sherlock Holmes. No Brasil, o conto policial é introduzido apenas no século XX por Medeiros e Albuquerque, com a obra *Se eu fosse Sherlock Holmes* (1932).

Sherlock Holmes

oversnap/Getty Images

O detetive Sherlock Holmes ficou muito conhecido pela frase que frequentemente dizia a seu assistente: "Elementar, meu caro Watson". Essa frase resume o método lógico que utilizava: partir das evidências (pistas, provas) do crime e, fazendo uso do método analítico e dedutivo, descobrir as causas do crime e a identidade do criminoso.

O interesse pelas histórias que envolviam Sherlock Holmes foi tão grande em todo o mundo que inspirou muitas outras produções na literatura e no cinema. A escritora britânica Agatha Christie (1890-1976), por exemplo, deu continuidade à tradição da narrativa policial, alcançando enorme popularidade.

OFICINA DE CRIAÇÃO

Projeto » Entre a aventura e o crime

Ao final desta unidade, você participará com os colegas da produção de uma antologia que vai reunir contos de aventura e contos policiais. Para tanto, vamos estudar e produzir contos ao longo dos próximos capítulos. Assim, em cada aula, a cada texto produzido, você estará preparando sua participação no projeto da unidade.

CAPÍTULO 1 O conto de aventura (I)

O GÊNERO EM FOCO

Leia este conto de Domingos Pellegrini:

Homem ao mar

Olhando o filho na praia, o pai diz você parece eu com meu pai na primeira vez que vim à praia, pulava pra lá e para cá feito cabrito. Se tem diferença é que naquele tempo pai não falava tanto com filho. [...]

Você está começando a virar homem, diz o pai quando ele volta a andar junto.

O filho olha sério o rochedo, e acerta o passo com o pai até a areia encontrar com a rocha. Amarre bem os tênis, o pai manda e o menino amarra justo e firme cada cordão. Sobem no rochedo e o pai diz cuidado, hem, muito cuidado, senão tua mãe me mata. Agacham no rochedo olhando o mar que bate lá adiante nas rochas cobertas de mariscos. O pai tira do bolso uma lata de cerveja com linha enrolada; e, enquanto fica arrumando o anzol e chumbada, o filho começa com as perguntas.

[...]

Estão ali faz hora dando banho nos camarões, o anzol sempre volta vazio mas o pai diz que não são os peixes comendo, não estão nem beliscando, os camarões ficam presos nos mariscos. Cada vez que puxa a linha o pai fala ainda bem que não enroscou, até que enrosca e o filho diz puxa, pensei que nunca fosse enroscar. Riem a mesma risada, o pai corta a linha nos dentes, tira mais um anzol do bolso das bermudas, embrulhado num papelzinho; e só tem mais um camarão no saquinho plástico.

Filipe Rocha/Acervo da editora

Começa a ventar e lá na vila dos pescadores os homens vão amarrar os barcos, as mulheres recolhem roupa de varal; o pai vê tudo isso, mas tão longe que não liga. O filho pergunta por que se chama Praia da Saudade. Porque antigamente, o pai chupa o dedo picado pelo anzol, diz que morria muito pescador no mar, deixava saudade, esse mar aí é bravo.

[...]

O pai olha a praia deserta, no mar só dois surfistas, e já venta bem. Uma onda lambe um castelo de areia. Nas rochas já não aparecem os mariscos grandes; o mar está enchendo, diz o pai, quem sabe traz um peixe. Ficam olhando o mar escurecer, as ondas batendo e espirrando espuma até ali, e de repente a lata quase pula das mãos do pai. Fisgou, ele diz com uma voz que o filho não conhece, fisgou, e o filho começa a gritar você pegou, pai, você pegou!

Ainda não, guri, ainda não — o pai geme lutando com o peixe, dando linha com cuidado para não folgar demais nem esticar muito. Deve ser um sargo dos grandes, fala com a voz saindo do peito, a puxada é de sargo. O menino pergunta se sargo tem muita espinha. O peixe leva a linha pra lá, pra cá, e o pai diz desse jeito vai cortar a linha nos mariscos; mas aí o mar ajuda com uma onda que traz o peixe e bate água no rochedo até ali onde eles estão, o filho assusta. O pai grita cuidado, mas o vento já limpa a espumarada do ar e veem que o peixe está ali perto se debatendo, prateado e grande de três palmos, maior que todos que o filho já viu e o pai já pescou. A boca é maior que uma maçã, abrindo e fechando pra roer o girador do anzol. A linha está ali solta pelas rochas.

O filho olha aflito o pai. Vamos esperar outra onda pra puxar ele, o pai sussurra e o filho pergunta por que ele está falando assim, peixe escuta fora da água? O pai quase ri mas vê a onda vindo, crescendo e espumando, e manda o filho ir para trás, o mar está enchendo, mas o menino continua ali e a onda bate nas rochas, o pai agarra o filho com um braço e agacha debaixo duma concha enorme de espumas borrificadas. A água escorre pelo rochedo e veem que ainda estão ali e o peixe agora está mais perto, brilhando na última claridade do dia, um peixe lindo de dar dó.

Dá pra pegar, grita o filho, e o pai diz você fica aqui. Enfia a lata numa fenda do rochedo, olha se vem vindo onda, vem mas ainda longe, então vai pé ante pé, agachando um pouco mais a cada passo, até quase tocar o peixe, esquecido da onda — e então, ao ouvir a onda quebrando nas rochas, olha a parede de água quase ali e volta correndo, vendo que o filho vem ao encontro. É daquelas ondas maiores que vêm depois duma série de ondas, arrebenta nas rochas e invade o rochedo espumante e pegando o menino pela cintura, enquanto o pai perde a visão com tanta água esborrifando pelo ar. Quando consegue enxergar de novo, a água está escorrendo de volta para o mar, com a força de um riacho bravo, e ele sente alguma coisa bater na barriga, é o peixe também voltando para o mar.

Filipe Rocha/Acervo da editora

Só aí vê que a onda levou também o filho, lá está ele se batendo no meio das rochas, por onde o mar recua entre paredes de mariscos. O filho grita pai, aqui, pai, começando a nadar de peito para voltar ao rochedo. Ele grita que não, não volte, nade em frente! O filho para, com a cabeça acima da água, e o pai dá graças por ter ensinado o filho a nadar desde criancinha; mas vê a estranheza e o medo aparecendo no olhar do menino, e sabe que em seguida pode vir o pânico. Depois vai explicar ao filho que não se deve voltar a um rochedo na arrebentação, para não acabar jogado nas rochas e navalhado pelos mariscos. Agora, o pai sabe que não tem tempo de explicar nada, sabe o que deve fazer e faz: dá alguns passos até a borda do rochedo e ali se descalça, pulando no mar e deixando as sandálias.

Quem é

Domingos Pellegrini Jr.

Rafael Bastos/Acervo do escritor

Domingos Pellegrini Jr. nasceu em Londrina, Paraná, em 1949. Trabalhou em vários jornais e revistas e em agência de publicidade como jornalista e publicitário. Estreou na literatura em 1977 com o livro de contos *O homem vermelho*, com o qual ganhou o Prêmio Jabuti. Desde então, já publicou dezenas de livros nos gêneros conto, romance, teatro e poesia. Entre suas obras mais importantes estão: *O caso da Chácara Chão*, *Terra vermelha* e *O homem vermelho*.

crista: parte mais alta de uma onda, com suas franjas.

ribombo: barulho forte e prolongado, estrondo.

Pulou de ponta, sai perto do filho, vê que outra onda já vem vindo lá atrás. Nada pra frente! — grita apontando — Vamos furar a onda! Lê o pensamento no olhar do filho: será que ficou louco? O pai aponta a onda e berra — Nada! — e o filho olha a onda, abre a boca entendendo e respirando, e começam a nadar de peito encarando a onda que cresce. A última onda que arrebentamos ainda está recuando e eles vão rápidos levados por ela, de encontro à onda que vem. Já fizeram isso muitas vezes, brincando, e o menino não vacila, continua nadando firme e encarando a onda, que agora se curva levantando, e chegam ao pé dela quando começa a espumar a **crista**. Mergulham juntos, passam por baixo do turbilhão para não ser arrastados de volta, e então pai, bracejando de olhos fechados e ouvindo o **ribombo** da onda, pensa nos tênis do filho.

Quando aflora a cabeça e vê o filho, fala tira os tênis, e agora o menino obedece logo, a cabeça afunda enquanto arranca um tênis, aflora, respira com um olhar onde o pai lê: você mesmo quem me mandou amarrar bem, pai; e afunda de novo para arrancar o outro tênis. A cabeça volta e o pai diz fique calmo, temos de nadar em frente e depois até a praia, entende? O filho balança a cabeça e o pai diz então vamos.

Lá já vem outra onda, e vão nadando contra ela. Calma, fala o pai, não se canse. Essa já alcançaram antes de começar a espumar, a parede curva de água azul-escura, com reflexos dourados do poente atrás deles. Mergulham, a onda passa e voltam a encarar o céu já escuro adiante. Voltando a nadar o pai pergunta se o filho está cansando, e o menino diz não, o pai diz não canse, vá com calma.

Furam mais uma onda e, ao aflorar o pai não vê o filho. Gira o corpo na água, e o filho aflora, o pai pergunta tudo bem, o filho balança a cabeça olhando a próxima onda. Furam mais uma, duas, três, perdem a conta. Chegam a um ponto em que não precisam mais furar as ondas mergulhando, são ondas sem crista, mansas, água que passa subindo e descendo, e então o pai diz pronto — arfando — daqui voltamos pra praia — toma fôlego — nadando de viés, entende? O filho diz tá, mas, antes que comece a nadar, o pai vê o medo no olhar dele.

Nadam olhando as luzes das casas lá adiante, e conforme estão no alto duma onda ou no baixio entre duas ondas, ou veem as casas e até a praia ou apenas céu dourado no horizonte. Mas de repente o pai não vê mais o filho. Grita. Ouve gritos do filho. Quando voltam a se achar, estão arfando, assustados, e o pai quase não consegue pedir calma. O filho olha as luzes, diz é muito longe, pai. Você tem de aguentar, diz o pai se esforçando pra não arfar, você não nada mil metros na piscina?

Na piscina, diz o filho, com um olhar de medo e dor.

Já mal se veem na quase escuridão entre as ondas, mas o pai procura os olhos do filho para dizer calma, continua com calma. O menino continua a nadar, agora nado livre, e o pai continua em nado de peito, para não perder o filho de vista. Às vezes perde, na passagem duma onda, mas logo voltam a nadar juntos, o pai arfando tanto que pensa meu Deus, eu é que não vou aguentar, e começa a repetir mentalmente meu Deus, meu Deus, meu Deus. [...] Fala arquejando, quase sem voz — Estamos quase na arrebentação! — e voltam a nadar na escuridão. Quanto mais cansado fica, mais o pai pensa em tirar as bermudas, os bolsos enchem de água, até que decide e grita pro filho esperar, afunda lutando com a roupa.

O filho vai com braçadas moles, lentas, cada uma parece que vai ser a última, e de vez em quando geme ai, pai, e ele fala, vai, vai! Na arrebentação se perdem, uma onda arrastando o menino, e depois o pai se vê sozinho com os pés na areia e água pelo peito. A onda vazante puxa de volta para o mar e ele sabe que tem de nadar forte agora pra sair logo dali, não tem outra coisa a fazer, então enfia a cabeça na água e vai em nado livre, batendo no mar com braçadas duras. Nada até não aguentar mais e aí fica em pé, seja o que Deus quiser, se o mar quiser levar agora, que leve, ele não tem mais força pra nada; mas se vê com água pela cintura, está salvo. Olha em volta, só água e espuma, vira-se para o mar mas sabe que não vai conseguir voltar pra buscar o filho. Grita o nome do filho contra o vento, grita sabendo que o filho não pode se agarrar num grito, mas grita até ficar rouco e aí vai pra praia.

Mal consegue chegar na praia, arrastando as pernas, os braços caídos, e vê o menino deitado na areia, tossindo; deita junto. Ficam ali tossindo enquanto as ondas vêm lamber as pernas. Depois o pai perguntará como ele chegou tão depressa ali, e o filho dirá que pegou jacaré numa onda, ué, e rirão muito disso, mas agora o pai só pergunta se ele está bem, e uma onda cobre os dois deitados, o menino corre engatinhando até a areia seca. O pai diz bem, pra uma coisa valeu: finalmente você pegou medo do mar.

Andam meio se arrastando na direção das casas.

Um homem de bermudas floridas rega a grama — e uma mulher, varrendo folhas secas, quando vê os dois, fala meu Deus! Só aí o pai lembra que está pelado.

No dia seguinte, de noitinha, o médico diz que amanhã já podem ir pra casa, e depois eles ficam no quarto ouvindo os grilos no jardim do hospital.

[...] Uma copeira deixa na mesinha a bandeja com dois pratos e sopeira, o menino destampa e diz hum, que nojo, é canja. O pai diz hum, que bom, é canja, e enche dois pratos. O filho mexe que mexe no prato com a colher, mas começa a comer e o pai diz que pra isso também valeu aquele passeio no mar, só mesmo em hospital pro filho comer sopa. Comem, e o filho pergunta se ele vai contar pra mãe. O pai diz que é melhor não contar, ela se preocupa demais.

O filho pergunta e você, pai, ficou preocupado?

O pai pensa um pouco e diz que ficou preocupado sim, quando a mulher começou a bater com a vassoura.

[...] Pena que a gente perdeu o peixe, diz o filho com o olhar perdido na sopa. Mas a gente sempre ganha alguma coisa, o pai também olha a sopa.

E o que é que a gente ganhou, pai?

O pai diz você já é um homem, meu filho, você é um homem já.

(In: *Histórias de aventuras*. n. 25. 4. ed. São Paulo: Ática, 2003. p. 61-69. Coleção Para Gostar de Ler.)

1. Pai e filho chegam juntos a uma praia.

a) O que pretendem fazer?

____

b) Como estão se sentindo?

____

2. Em muitos textos ficcionais, é comum o narrador deixar pistas que permitem prever o que vai acontecer na narrativa.

a) Que mudança começa a acontecer no 5º parágrafo do texto?

---

b) Que fatos ou palavras e expressões podem ser considerados pistas textuais? Justifique sua resposta.

---

3. Nas narrativas em geral, é necessário que ocorra uma situação especial — um problema, uma dificuldade, um desejo a ser alcançado — que altera a situação inicial e conduz os personagens à ação. No conto lido:

a) Qual é o fato ou "problema" que modifica o andamento da narrativa?

---

b) Qual é o momento culminante das ações da narrativa?

---

4. Pai e filho correram um sério risco na pescaria. Troque ideias com os colegas.

a) Na sua opinião, os personagens agiram corretamente durante a tentativa de pegar o peixe? Justifique sua resposta.

---

b) Que sentimentos provavelmente levaram o pai a se lançar no mar depois que o filho foi arrastado pela onda?

c) Que consequências essa atitude do pai poderia ter tido? Que característica do pai se destaca nesse gesto?

d) Você acha que o menino teria se salvado sem a ajuda do pai? Por quê?

5. O desfecho da história apresenta uma situação diferente.

a) Onde pai e filho estão? Levante hipóteses: Por que estão ali?

b) Quanto tempo se passou desde o quase afogamento dos dois?

Editora Ática/Arquivo da Editora

Essa é a capa do livro do qual foi extraído o conto lido. Nele, há autores consagrados no gênero, como O. Henry e Jack London, e outros contos eletrizantes.

6. No final do conto, o pai afirma que "a gente sempre ganha alguma coisa" e o filho pergunta: "E o que é que a gente ganhou, pai?".

a) Releia o texto e explique a resposta dada pelo pai.

b) Nos contos e filmes de aventura, quando há cenas de naufrágio de navio, é comum o capitão dizer à tripulação: "Homens ao mar!". Explique a relação entre essa frase e o título do conto.

7. O conto de aventura é um gênero literário que se caracteriza por três elementos básicos: o **herói**, o **perigo** e o **desconhecido**.

a) Os heróis dos contos de aventura se caracterizam pela **coragem**, pela **força** e pela **astúcia**. Pai e filho do conto lido podem ser considerados heróis? Por quê?
Justifique sua resposta com elementos do texto.

Filipe Rocha/Acervo da editora

b) O perigo e o desconhecido estão presentes na história?

8. Caracterize a linguagem utilizada no conto. Ela está de acordo com a norma-padrão ou faz uso de uma variedade linguística específica de algum grupo social?

9. No conto de aventuras, os fatos podem ser narrados no presente ou no passado. Observe os verbos empregados no texto.

a) Qual é o tempo verbal predominante no texto?

b) Que efeito o emprego desse tempo verbal agrega aos sentidos do texto?

10. O texto faz um uso pouco comum dos tipos de discurso. Observe este trecho:

> "Quando aflora a cabeça e vê o filho, fala tira os tênis, e agora o menino obedece logo, a cabeça afunda enquanto arranca um tênis, aflora, respira com um olhar onde o pai lê: você mesmo quem me mandou amarrar bem, pai; e afunda de novo para arrancar o outro tênis. A cabeça volta e o pai diz fique calmo, temos de nadar em frente e depois até a praia, entende? O filho balança a cabeça e o pai diz então vamos."

a) Identifique no recorte trechos da fala do narrador e da fala do pai e um trecho que expresse o pensamento do menino.

b) São utilizados sinais de pontuação e verbos *dicendi* para indicar a fala ou o pensamento dos personagens?

c) Discuta com os colegas e o professor e conclua: Que efeito produz o modo como o escritor utilizou os tipos de discurso no conto?

____

____

____

____

O gosto da descoberta e da perseguição está entre os instintos fundamentais do ser humano. Basta prestar atenção numa criança pequena brincando com uma caixa tampada. Ela fará todos os esforços para tirar a tampa e descobrir o que pode estar escondido dentro da caixa. Já as crianças mais crescidas preferem brincar de esconde-esconde ou de pega-pega, dois jogos que dramatizam o duplo gosto da descoberta e da perseguição.

As histórias de detetive e contos policiais também são, de certa forma, uma dramatização para adultos desse mesmo instinto.

(José Paulo Paes)

Sira Anamwong/Shutterstock

11. Com a orientação do professor, reúna-se com alguns colegas para preencher as lacunas do quadro a seguir com as características básicas do conto de aventura.

Conto de aventura: construção e recursos expressivos	
Quem são os interlocutores do conto de aventura?	
Qual é o objetivo do conto de aventura?	
Onde o conto de aventura circula?	
Quais temas são abordados no conto de aventura?	
Como é a estrutura do conto de aventura?	
Qual é o perfil do(s) protagonista(s) do conto de aventura?	
Como se caracteriza a linguagem do conto de aventura?	

AGORA É A SUA VEZ

Ao final desta unidade, você e os colegas da turma vão participar da produção de uma antologia de contos de aventura e contos policiais. Neste capítulo, você já terá oportunidade de escrever seus primeiros contos.

Há, a seguir, duas propostas de produção de contos de aventura. Se possível, desenvolva as duas.

Proposta 1

O texto a seguir é a parte inicial do conto "Preciosa (a estranha vila que não figura no mapa)", do escritor brasileiro Afonso Schmidt. O conto se inicia com uma conversa entre três estudantes de um colégio interno, que estão para sair de férias. Um deles, de Porto Alegre, convida os outros dois colegas para passar férias com sua família no sul do país. No dia seguinte, um pequeno avião da família decola de São Paulo com os meninos e se dirige ao Rio Grande do Sul. Durante a viagem, eles se divertem com a bela vista do mar, até que o piloto sente que algo estranho ocorre com o avião. Leia:

[...]

Godói mostrou-se inquieto. Consultava os aparelhos, desenrolava mapas... e ainda mais nervoso ficou quando, por muito que fizesse, a máquina entrou em pane, começou a perder velocidade e o ponteiro do altímetro foi deslizando da direita para a esquerda.

[...]

Súbito, o motor calou-se. A hélice continuou a girar ainda por algum tempo até que parou, com as pás oscilantes. Fez-se grande silêncio na terra e no céu. E o avião, planando suavemente, meteu-se pelo vão de dois morros altos, resvalou por entre árvores enormes e foi pousar numa espécie de clareira aplainada e fofa que mais parecia uma plantação, onde a semeadura apenas apontava, como poeira verde.

Mas — graças a Deus — piloto e viajantes não tinham sofrido coisa alguma, nem mesmo susto, pois a manobra fora tão calma, tão hábil e feliz que os meninos mal chegaram a percebê-la. Pousado o aparelho, todos saltaram para o chão.

— Onde estamos nós? — perguntou Tim.

— No centro da serra do Mar, numa terra sem nome... — respondeu o piloto, esforçando-se por mostrar-se senhor da situação.

— Quando recomeçaremos a viagem? — queria saber João.

[...]

— Tudo está inteiro, como já disse, mas o aparelho ainda não se encontra em condições de voar. Deve ser mau funcionamento de uma válvula, ou entupimento de algum tubo. Eu sei como se corrigem esses defeitos [...]. Quando chegar a hora da partida, anunciarei... Não tenham medo de ficar perdidos no mato...

Dizendo isso, Godói foi à cabina, trouxe um pacote de sanduíches e os repartiu fraternalmente com os meninos. Só então eles perceberam que já era hora do almoço e estavam tinindo de fome. Foi assim que os três, a comer e a rir daquela aventura que no íntimo estavam achando deliciosa, caminharam até o mato que começava a algumas braças de distância. Lá, porém, lhes estava reservado grande susto. À sua chegada, cerca de oito indivíduos que se achavam escondidos atrás das árvores, desandaram a correr para a encosta do morro mais próximo. Eram homens, pois alguns deles apresentavam magnífica barba preta, mas vestiam camisola comprida, ajustada à cintura por cordões de cor, e traziam na cabeça uma espécie de coador de café, comprido, com borla na ponta. Correndo, assustados, suas carapuças dançavam e as borlas saltavam de um lado para outro.

(In: *Histórias de aventuras*, cit., p. 131-133.)

O que será que vai acontecer com os meninos no meio da mata? Quem são os homens estranhos que vivem isolados? Será que os meninos correm algum perigo? Godói conseguirá consertar o avião? Como ele encontrará os meninos? Eles conseguirão passar as férias no Rio Grande do Sul, como pretendiam?

Dê continuidade à história. Considere que o defeito no motor do avião é o **conflito** da narrativa.

Proposta 2

Crie livremente uma narrativa de aventura. Se quiser, você poderá ser narrador-personagem, narrando em 1ª pessoa. Se preferir, poderá ser um narrador-observador, narrando em 3ª pessoa.

Planejamento do texto

- Lembre-se: o conto de aventura sempre apresenta o herói (ou a heroína), o desconhecido e o perigo. Defina previamente quem vai (vão) ser o(s) herói(s) e, se for o caso, o vilão (ou a vilã) da história e qual será o perigo vivido.
- O herói é caracterizado pela coragem, pela força e pela astúcia. Planeje como os personagens vão mostrar essas características.
- No caso da proposta 2, decida qual será o foco narrativo e estabeleça previamente o conflito da narrativa.
- Imagine como o conflito vai ser resolvido e qual será o desfecho da sua história.
- Pense nos ambientes em que o enredo vai se desenrolar para descrevê-los.

Escrita

- No caso da proposta 2, comece o conto apresentando o herói (ou a heroína) em uma situação de tranquilidade até o aparecimento do conflito.
- Em relação à proposta 1, mantenha a narração no passado e em 3ª pessoa. Em relação à proposta 2, decida se a história vai ser narrada no presente ou no passado.
- Faça uso da descrição dos personagens e do lugar, procurando dar vida à narrativa.
- Utilize o discurso direto e o discurso indireto de modo consciente. Você pode, por exemplo, empregar o discurso direto para dar mais vida aos diálogos e às situações.
- Dê um título ao conto.

Biry Sarkis/Acervo da editora

Revisão e reescrita

Antes de redigir a versão final do conto de aventura, verifique se:

- a história apresenta herói(s), o desconhecido e o perigo;
- o(s) herói(s) demonstra(m) ter coragem, força física ou astúcia;
- o conto apresenta as partes básicas da estrutura narrativa ou se ela foi propositalmente modificada;
- os tempos verbais estão coerentes com sua escolha de narrar no presente ou no passado;
- a descrição e os tipos de discurso foram empregados de modo coerente e equilibrado;
- a linguagem está de acordo com a norma-padrão ou se foi feita alguma adaptação, tendo em vista o perfil do narrador e dos personagens.

A estrutura da narrativa

1. O texto "Homem ao mar", que você leu no início do capítulo, é um conto. Como todo conto, ele narra uma história que envolve personagens e ações situadas num tempo e num espaço.

a) Quais são os personagens centrais do conto?

____

b) Em que momento do dia ocorre a história?

____

Filipe Rocha/Acervo da editora

c) Levante hipóteses: Em quanto tempo se passam as ações?

____

____

____

____

d) Onde ocorrem as ações?

____

____

2. As narrativas (contos, crônicas, romances, etc.) podem apresentar uma estrutura convencional, que consiste em algumas partes. Leia o quadro a seguir.

Estrutura clássica dos contos

Os contos de estrutura clássica costumam apresentar os fatos da história na seguinte sequência:

- **Situação inicial:** apresentação dos personagens no início da história — quem são, o que fazem, como vivem, etc.
- **Conflito:** apresentação do "problema" (dificuldade, desejo ou ideia) que desestabiliza a situação inicial e leva os personagens à ação, a fim de resolver o conflito.
- **Ação:** é a parte que reúne os principais fatos da história. Apresenta três subpartes, que podem estar menos ou mais explícitas:
  - **início da ação:** os personagens iniciam uma tentativa de resolver o conflito;
  - **clímax da ação:** momento em que o conflito chega ao ponto máximo;
  - **declínio da ação:** momento posterior à resolução do conflito.
- **Desfecho:** momento posterior à ação, em que os personagens voltam à situação inicial do conto.

Nota: Essa estrutura deve servir apenas como referência para a sua produção de textos. Nos contos atuais, não há obrigação de todas essas partes estarem presentes ou de estarem exatamente nessa ordem.

Em relação às ações do conto "Homem ao mar", troque ideias com os colegas e responda:

a) Qual é a situação inicial do conto?

b) Que fato pode ser considerado o conflito do conto?

c) Qual é o início da ação?

d) Que momento pode ser considerado o clímax da narrativa?

e) Em que parágrafo se situa o declínio da ação?

f) Qual é o desfecho do conto?

3. Nas narrativas em geral, o personagem principal é chamado de **protagonista**. Quando há um personagem que se opõe aos interesses do protagonista — geralmente o "vilão" da história —, ele é chamado de **antagonista**.

a) No conto "Homem ao mar", quem é o protagonista da história?

b) Se existe um antagonista, quem ou o que ele é?

Você estudou a estrutura da narrativa convencional num conto. Leia, a seguir, uma história em quadrinhos — uma narrativa moderna — com o personagem Gaturro e responda às questões 4 a 8:

(Nik. *Gaturro 2*. Cotia-SP: Vergara & Riba, 2008. p. 67.)

4. Por que o tutor de Gaturro está irritado no 1º quadrinho?

5. Qual é a atitude do gato no 2º e no 3º quadrinho?

6. Nas narrativas, toda ação é consequência de uma causa. Qual é a causa de Gaturro ter sido lançado na rua pelo tutor?

7. Embora a história em quadrinhos narre fatos ficcionais, ela apresenta uma situação de violência contra o gato. Você acha que, na vida real, animais podem ser tratados dessa forma?

8. Observe agora a estrutura narrativa da história em quadrinhos lida e troque ideias com os colegas e o professor:

a) A história apresenta todas as partes da estrutura narrativa convencional? Se não, indique quais partes estão presentes na história e quais se fundiram a outras.

b) Levante hipóteses: Por que algumas partes da estrutura narrativa foram suprimidas da história?

9. Transforme a história em quadrinhos lida em um texto narrativo.

Instruções:

- escolha o foco narrativo: 1ª pessoa (tutor ou Gaturro) ou 3ª pessoa (narrador observador);
- siga a estrutura clássica da narrativa para desenvolver seu texto;
- ao finalizar a atividade, troque o texto com um colega, observe como ele transformou a história em quadrinhos em texto narrativo e faça sugestões de melhorias.

CAPÍTULO 2

O conto de aventura (II)

O GÊNERO EM FOCO

Leia o conto a seguir, de Carlos Drummond de Andrade:

A doida

A doida habitava um chalé no centro do jardim maltratado. E a rua descia para o córrego, onde os meninos costumavam banhar-se. [...]

Os três garotos desceram manhã cedo, para o banho e a pega de passarinho. Só com essa intenção. Mas era bom passar pela casa da doida e provocá-la. As mães diziam o contrário: que era horroroso, poucos pecados seriam maiores. Dos doidos devemos ter piedade, porque eles não gozam dos benefícios com que nós, os sãos, fomos **aquinhoados**. [...]

Como era mesmo a cara da doida, poucos poderiam dizê-lo. Não aparecia de frente e de corpo inteiro, como as outras pessoas, conversando na calma. Só o busto, recortado numa das janelas da frente, as mãos magras, ameaçando. Os cabelos, brancos e **desgrenhados**. E a boca inflamada, soltando xingamentos, pragas, numa voz rouca. Eram palavras da Bíblia misturadas a termos populares, dos quais alguns pareciam escabrosos, e todos fortíssimos na sua **cólera**.

Sabia-se confusamente que a doida tinha sido moça igual às outras no seu tempo remoto (contava mais de sessenta anos, e, loucura e idade, juntas, lhe lavravam o corpo). Corria, com variantes, a história de que fora noiva de um fazendeiro, e o casamento, uma festa estrondosa; mas na própria noite de núpcias o homem a **repudiara**, Deus sabe por que razão. O marido ergueu-se terrível e empurrou-a, no calor do bate-boca; ela rolou escada abaixo, foi quebrando ossos, arrebentando-se.

Os dois nunca mais se viram. [...] Repudiada por todos, ela se fechou naquele chalé do caminho do córrego, e acabou perdendo o juízo. Perdera antes todas as relações. Ninguém tinha ânimo de visitá-la. O padeiro mal jogava o pão na caixa de madeira, à entrada, e **eclipsava-se**. Diziam que nessa caixa uns primos generosos mandavam pôr, à noite, provisões e roupas, embora oficialmente a ruptura com a família se mantivesse inalterável. [...]

Filipe Rocha/Acervo da editora

Vinte anos de tal existência, e a legenda está feita. Quarenta, e não há mudá-la. O sentimento de que a doida carregava uma culpa, que sua própria doidice era uma falta grave, uma coisa **aberrante**, instalou-se no espírito das crianças. E assim, gerações sucessivas de moleques passavam pela porta, fixavam cuidadosamente a vidraça e lascavam uma pedra. [...]

Os três verificaram que quase não dava mais gosto apedrejar a casa. As vidraças partidas não se recompunham mais. A pedra batia no caixilho ou ia aninhar-se lá dentro, para voltar com palavras iradas. Ainda haveria louça por destruir, espelho, vaso intato? Em todo caso, o mais velho comandou, e os outros obedeceram na forma do sagrado costume. Pegaram **calhaus** lisos, de ferro, tomaram posição. Cada um jogaria por sua vez, com intervalos para observar o resultado. O chefe reservou-se um objetivo ambicioso: a chaminé.

O **projétil** bateu no canudo de folha de flandres enegrecido — blem — e veio espatifar uma telha, com estrondo. Um bem-te-vi assustado fugiu da mangueira próxima. A doida, porém, parecia não ter percebido a agressão, a casa não reagia. Então o do meio vibrou um golpe na primeira janela. Bam! Tinha atingido uma lata, e a onda de som propagou-se lá dentro; o menino sentiu-se recompensado. Esperaram um pouco, para ouvir os gritos [...] era tudo a mesma paz.

Aí o terceiro do grupo, em seus onze anos, sentiu-se cheio de coragem e resolveu invadir o jardim. Não só podia atirar mais de perto na outra janela, como até praticar outras e maiores façanhas. Os companheiros, desapontados com a falta do espetáculo cotidiano, não queriam segui-lo. E o chefe, fazendo valer sua autoridade, tinha pressa em chegar ao campo.

O garoto empurrou o portão: abriu-se. Então, não vivia trancado?... E ninguém ainda fizera a experiência. Era o primeiro a penetrar no jardim, e pisava firme, posto que cauteloso. Os amigos chamavam-no, impacientes. Mas entrar em terreno proibido é tão excitante que o apelo perdia toda a significação. Pisar um chão pela primeira vez; e chão inimigo. Curioso como o jardim se parecia com qualquer um; apenas era mais selvagem, e o melão-de-são-caetano se enredava entre as violetas, as roseiras pediam poda, o canteiro de cravinas afogava-se em erva. Lá estava, quentando sol, a mesma lagartixa de todos os jardins, cabecinha móbil e **suspicaz**. O menino pensou primeiro em matar a lagartixa e depois em atacar a janela. [...]

A lagartixa salvara-se, metida em recantos só dela sabidos, e o garoto **galgou** os dois degraus, empurrou a cancela, entrou. Tinha a pedra na mão, mas já não era necessária; jogou-a fora. Tudo tão fácil, que até ia perdendo o senso da precaução [...].

A princípio não distinguiu bem, debruçado à janela, a matéria confusa do interior. Os olhos estavam cheios de claridade, mas afinal se acomodaram, e viu a sala, completamente vazia e esburacada, com um corredorzinho no fundo, e no fundo do corredorzinho uma **caçarola** no chão, e a pedra que o companheiro jogara.

Passou a outra janela e viu o mesmo abandono, a mesma nudez. Mas aquele quarto dava para outro cômodo, com a porta cerrada. Atrás da porta devia pois estar a doida, que inexplicavelmente não se mexia, para enfrentar o inimigo. E o menino saltou o peitoril, pisou indagador no soalho **gretado**, que cedia.

A porta dos fundos cedeu igualmente à pressão leve, entreabrindo-se numa faixa estreita que mal dava passagem a um corpo magro.

[...]

O menino foi abrindo caminho entre pernas e braços de móveis, contorna aqui, esbarra mais adiante. O quarto era pequeno e cabia tanta coisa.

Quem é

Carlos Drummond de Andrade

Fernando Bueno/Estadão Conteúdo

Drummond (1902-1987) nasceu em Itabira, Minas Gerais, e passou a maior parte da vida no Rio de Janeiro.

Escreveu poesias, crônicas e contos e é considerado um dos maiores poetas brasileiros de todos os tempos. É autor de poemas muito conhecidos, como "No meio do caminho" e "José". Entre outras obras, escreveu *A rosa do povo*, *Claro enigma*, *Corpo* e *Fala, amendoeira*.

Atrás da massa do piano, encurralada a um canto, estava a cama. E nela, busto **soerguido**, a doida esticava o rosto para a frente, na investigação do rumor **insólito**.

Não adiantava ao menino querer fugir ou esconder-se. E ele estava determinado a conhecer tudo daquela casa. De resto, a doida não deu nenhum sinal de guerra. Apenas levantou as mãos à altura dos olhos, como para protegê-los de uma pedrada.

Ele encarava-a com interesse. Era simplesmente uma velha, jogada no **catre** preto de solteiro, atrás da barricada de móveis. E que pequeninha! O corpo sob a coberta formava uma elevação minúscula. Miúda, escura, desse sujo que o tempo deposita na pele, manchando-a. E parecia ter medo.

Mas os dedos desceram um pouco, e os pequenos olhos amarelados encararam por sua vez o intruso com atenção **voraz**, desceram às suas mãos vazias, tornaram a subir ao rosto infantil.

A criança sorriu, de desaponto, sem saber o que fizesse.

Então a doida ergueu-se um pouco mais, firmando-se nos cotovelos. A boca remexeu, deixou passar um som vago e tímido.

Como a criança não se movesse, o som indistinto se esboçou outra vez.

Ele teve a impressão de que não era xingamento, parecia antes um chamado. Sentiu-se atraído para a doida, e todo desejo de maltratá-la se **dissipou**. Era um apelo, sim, e os dedos, movendo-se **canhestramente**, o confirmavam.

O menino aproximou-se, e o mesmo jeito da boca insistia em soltar a mesma palavra curta, que entretanto não tomava forma. Ou seria um bater automático de queixo, produzindo um som sem qualquer significação?

Talvez pedisse água. A moringa estava no criado-mudo, entre vidros e papéis. Ele encheu o copo pela metade, estendeu-o. A doida parecia aprovar com a cabeça, e suas mãos queriam segurar sozinhas, mas foi preciso que o menino a ajudasse a beber.

Fazia tudo naturalmente, e nem se lembrava mais por que entrara ali, nem conservava qualquer espécie de aversão pela doida. A própria ideia de doida desaparecera. Havia no quarto uma velha com sede, e que talvez estivesse morrendo.

Nunca vira ninguém morrer, os pais o afastavam se havia em casa um agonizante. Mas deve ser assim que as pessoas morrem.

Filipe Rocha/Acervo da editora

Um sentimento de responsabilidade apoderou-se dele. Desajeitadamente, procurou fazer com que a cabeça repousasse sobre o travesseiro. Os músculos rígidos da mulher não o ajudavam. Teve que abraçar-lhe os ombros — com **repugnância** — e conseguiu, afinal, deitá-la em posição suave.

Mas a boca deixava passar ainda o mesmo ruído obscuro, que fazia crescer as veias do pescoço, inutilmente. Água não podia ser, talvez remédio...

Passou-lhe um a um, diante dos olhos, os frasquinhos do criado-mudo. Sem receber qualquer sinal de **aquiescência**. Ficou perplexo, **irresoluto**. Seria caso talvez de chamar alguém, avisar o farmacêutico mais próximo, ou ir à procura do médico, que morava longe. Mas hesitava em deixar a mulher sozinha na casa aberta e exposta a pedradas. E tinha medo de que ela morresse em completo abandono, como ninguém no mundo deve morrer [...].

Foi tropeçando nos móveis, arrastou com esforço o pesado armário da janela, desembaraçou a cortina, e a luz invadiu o depósito onde a mulher morria. Com o ar fino veio uma decisão. Não deixaria a mulher para chamar ninguém. Sabia que não poderia fazer nada para ajudá-la, a não ser sentar-se à beira da cama, pegar-lhe nas mãos e esperar o que ia acontecer.

(*Contos de aprendiz*. Rio de Janeiro: Record, 1951.)

aberrante: o que se afasta do que é considerado normal.

aquiescência: concordância, consentimento.

aquinhoado: favorecido, contemplado.

caçarola: um tipo de panela.

calhau: pedaço, fragmento.

canhestramente: de modo canhestro, desajeitado, inabilidoso, tímido.

catre: cama rústica e pobre.

cólera: raiva intensa, ira, furor.

desgrenhado: sem pentear, desalinhado.

dissipar: desaparecer, dispersar.

eclipsar-se: desaparecer, afastar-se.

galgar: subir, transpor, saltar.

gretado: rachado.

insólito: incomum, anormal, raro.

irresoluto: indeciso.

projétil: qualquer corpo que pode ser lançado ou arremessado.

repudiar: rejeitar, abandonar.

repugnância: nojo, repulsa, asco.

soerguer: erguer-se um pouco, levantar-se.

suspicaz: suspeito, estranho.

voraz: faminto, ávido.

Procure no dicionário outras palavras que você desconheça.

"A doida" no cinema

Os cineastas Bel Bechara e Sandro Serpa transformaram o conto de Carlos Drummond de Andrade num curta-metragem de 12 minutos. O filme foi exibido em muitos festivais no país e no exterior e conquistou o prêmio de melhor vídeo no Festival Videvídeo, no Rio de Janeiro.

Cena do curta-metragem *A doida* (1999), dirigido por Bel Bechara e Sandro Serpa.

1. Na cidade, havia uma "doida".

a) As pessoas conheciam bem essa mulher e o seu passado?

b) Entre os trechos a seguir, indique aqueles que confirmam sua resposta.

- [ ] "Como era mesmo a cara da doida, poucos poderiam dizê-lo."
- [ ] "Mas era bom passar pela casa da doida e provocá-la."
- [ ] "Sabia-se confusamente que a doida tinha sido moça igual às outras"
- [ ] "Corria, com variantes, a história de que fora noiva"

2. O texto aponta uma causa para a suposta loucura da mulher. De acordo com a versão apresentada no texto:

a) Que fato poderia ser responsável pelo enlouquecimento da mulher?

b) Que comportamentos dela eram tomados pela população como indícios de loucura?

c) O texto afirma que o marido empurrou a mulher escada abaixo, causando-lhe várias fraturas ósseas. Troque ideias com os colegas: Por que essa atitude do marido é incorreta? É justo que o resultado da ação do marido tenha sido o isolamento social da mulher? Por quê?

Reprodução/ONU

Em 2022, a Organização das Nações Unidas (ONU) lançou essa campanha contra a violência doméstica, esclarecendo seus tipos.

d) Em sua opinião, a mulher descrita no conto era realmente doida? Por quê?

3. As crianças cresciam ouvindo histórias sobre a "doida".

a) De acordo com o quinto parágrafo, o que as motivava a atirar pedras na casa da mulher?

b) As mães concordavam com o comportamento dos filhos? Por quê?

Filipe Rocha/Acervo da editora

4. O texto narra a aventura de três meninos que resolvem se divertir atirando pedras na casa de uma "doida".

a) Inicialmente, eles pretendiam entrar na casa da mulher?

b) A cada pedra que atiravam, o que despertava mais a curiosidade e a coragem deles?

5. Observe as palavras e expressões destacadas nestes trechos do texto:

- "resolveu **invadir** o jardim"
- "tinha pressa em chegar ao **campo**"
- "entrar em **terreno proibido**"
- "Pisar um chão pela primeira vez; e **chão inimigo**."
- "a doida não deu nenhum **sinal de guerra**"
- "atrás da **barricada** de móveis"

a) A escolha dessas palavras e expressões mostra que o narrador procurou criar o cenário onde vai se dar o encontro dos dois personagens. Que tipo de cenário é esse?

b) Quem, na verdade, vê a casa como se fosse um cenário desse tipo?

6. O narrador descreve com detalhes o jardim e o interior da casa.

a) Como eram esses dois espaços? Justifique sua resposta com palavras do texto.

b) O menino se surpreende ao ver que o jardim era parecido com os outros. Por que você acha que isso acontece?

c) Mais tarde, ele compreende por que o jardim estava abandonado. Qual era a razão?

7. O menino encontra a "doida" num quarto entulhado de móveis, que formavam uma "barricada" em torno da cama.

a) Levante hipóteses: Por que a mulher teria escolhido esse quarto para se refugiar?

b) O que a palavra **barricada** sugere quanto ao modo como a mulher se sentia?

8. O encontro do menino e da mulher surpreendeu os dois.

a) Qual foi a reação dela ao ver o menino? Por quê?

b) Por que o menino se surpreendeu?

c) Que sentimento brotou espontaneamente no menino ao ver a condição da velhinha?

Mistério de uma casa abandonada

Uma mulher solitária, uma casa que parece abandonada, um cenário de mistério. Assim como no conto lido, o *podcast* "A mulher da casa abandonada", produzido pelo jornalista Chico Felitti para o jornal *Folha de S.Paulo*, narra a história de vida de uma mulher que mora sozinha em uma mansão caindo aos pedaços, em um bairro rico da cidade de São Paulo.

Ao investigar a história da casa e de sua moradora, o jornalista descobre que a mulher é Margarida Bonetti e que, décadas antes, ela fora acusada, nos Estados Unidos, de agredir e manter uma mulher trabalhando em condições análogas à escravidão durante vários anos.

O *podcast* teve índices de audiência altíssimos, mobilizou a polícia e despertou a curiosidade da vizinhança do bairro, que queria descobrir o desfecho da história. Para ouvir o *podcast*, leia o *QR code* ou acesse: https://open.spotify.com/episode/1lgzkA1cskrz6ioBewsZG9 (acesso em: 17/1/2023).

Aloisio Mauricio/Fotoarena

Foto da casa, na cidade de São Paulo, que virou tema de *podcast*.

9. A experiência vivida pelo menino assume um significado especial no texto, pois revela um lado de sua personalidade que ele próprio desconhecia.

a) Qual é esse lado?

b) Inicialmente o menino abraçou a velhinha "com repugnância" para ajudá-la a deitar-se; entretanto, no final do texto, mostra-se disposto a pegar as mãos dela espontaneamente. O que essa mudança de atitude do garoto demonstra?

c) Em sua opinião, o menino "cresceu" com essa experiência? Por quê?

10. Os contos de aventura sempre apresentam três elementos básicos: o herói, a aventura e o perigo. O texto "A doida" pode ser considerado um conto de aventura? Justifique sua resposta.

11. No conto de aventura, o herói se caracteriza como uma pessoa dotada de coragem, força e astúcia.

a) O menino do conto pode ser considerado um herói? Se sim, qual (quais) dessas características ele tem?

Pantera Negra, criado pela Marvel Comics, é um dos principais heróis da atualidade, nos quadrinhos e no cinema.

b) Que outra característica positiva o menino apresenta? Essa característica é importante para um herói? Justifique sua resposta.

AGORA É A SUA VEZ

Como você já sabe, ao final desta unidade, você e os colegas vão participar de uma antologia de contos de aventura e policiais. Por isso, é necessário produzir novos contos que vão compor o livro.

Há, a seguir, três propostas de produção. Se possível, desenvolva ao menos duas delas.

Proposta 1

O conto de Carlos Drummond de Andrade é narrado em 3ª pessoa, isto é, o narrador não participa da história.

Reconte a história "A doida" adotando o ponto de vista da mulher, ou seja, ela é quem deve narrar a história lida. Como será que ela sentia e via as agressões praticadas pelos meninos? Como era viver em completo isolamento, sofrendo com a indiferença da comunidade? Em qual situação se pode considerar que ela vive uma aventura? Em que sentido ela também poderia ser percebida como uma heroína?

Não é necessário se ater a todos os fatos apresentados no conto original. Se quiser, suprima ou acrescente alguns episódios. Você poderá também dar um final diferente ao conto, se preferir.

Proposta 2

Você já ouviu falar do romance *A máquina do tempo*, do escritor inglês H. G. Wells (1866-1946)? A obra foi publicada entre 1894 e 1895 e, na época, fez um enorme sucesso. Foi adaptada para o cinema em 2002, com direção de Simon Wells, sobrinho de H. G. Wells, e serviu de referência para inúmeras criações no cinema, como *De volta para o futuro*, de Robert Zemeckis.

Reprodução/Editora Principis

A máquina do tempo (2019), de H. G. Wells (Clássicos Zahar).

O enredo da obra de Wells gira em torno da invenção de uma máquina do tempo pelo cientista Viajante do Tempo, assim chamado pelo narrador.

A obra começa com uma reunião feita na casa do Viajante do Tempo, na qual o cientista expõe animadamente suas teorias sobre o tempo. Considera-o a quarta dimensão, através da qual as pessoas poderiam se locomover. Em seguida, mostra aos amigos incrédulos sua invenção, uma máquina do tempo, e anuncia que, em breve, pretende usá-la para viajar.

Algum tempo depois, o Viajante do Tempo convida os amigos para um jantar. Porém, quando eles chegam à casa do anfitrião, ele não está. Ainda assim, os amigos decidem entrar na casa. Em um pequeno intervalo de tempo, o anfitrião chega à casa, abre a porta e entra, completamente sujo e empoeirado, e afirma que está regressando de sua primeira viagem no tempo. Diz que tinha visitado o futuro (exatamente o ano 802701 d.C.) e começa a narrar suas aventuras. Conta que entrou na máquina, puxou a alavanca e iniciou a viagem.

Descreve ele:

— Temo que eu não seja capaz de comunicar as sensações peculiares de uma viagem no tempo. Elas são excessivamente desagradáveis. Há um sentimento exatamente igual ao de ser jogado para trás — de um inestancável deslocamento em ponta-cabeça! Tive o horrível pressentimento, também, de um choque iminente. Assim que acertei o passo, a noite se seguia ao dia como o bater de uma asa negra. A turva sugestão de laboratório parecia que em breve se afastaria de mim, e eu vi o sol saltar suavemente através do céu, fazendo isso a cada minuto marcando um dia. Supus que o laboratório tivesse sido destruído e vim para o céu aberto. Tive uma obscura impressão de estar numa plataforma, mas eu já estava indo muito rápido para ter consciência de qualquer coisa em movimento. A lesma mais lenta que já rastejou parecia projetar-se muito rapidamente para mim. A alternância sucessiva de escuridão e luz era excessivamente dolorosa para os olhos. Então, nas escuridões intermitentes, vi a lua rodopiando sucessivamente, vi cada uma de suas fases — da nova até a cheia — e tive fracos relances das estrelas circundantes. Depois, à medida que eu avançava, ainda ganhando velocidade, a palpitação de noite e dia se converteu num cinzento contínuo; o céu adquiriu maravilhosa profundidade azul, uma cor esplendidamente luminosa como a do começo do crepúsculo; o sol, que antes saltava, agora se tornou uma linha de fogo, um arco brilhante no espaço; a lua, uma faixa flutuante mais pálida; e não pude ver nada das estrelas, exceto, de vez em quando, um círculo mais brilhante tremulando no azul.

(H. G. Wells. *A máquina do tempo*. São Paulo: Nova Alexandria, 1994. p. 32-33.)

Finalmente, o cientista sente que chegou a algum lugar, uma espécie de amplo gramado, do qual avista casas e prédios. Então pensa:

O que não teria acontecido aos homens? E se a crueldade tivesse se tornado numa paixão comum? E se nesse intervalo a raça tivesse perdido sua humanidade e se convertido em algo inumano, antipático e esmagadoramente poderoso? Eu poderia estar parecido com algum animal selvagem pré-histórico, só que mais assustador e repulsivo para nosso gosto habitual — uma criatura abominável a ser incontinentemente assassinada.

[...]

Olhei com mais curiosidade e menos medo para esse mundo do futuro remoto. Numa abertura circular, bem no alto do muro da casa mais próxima, vi um grupo de figuras envoltas em mantos ricos e macios. Elas tinham me visto, e seus rostos estavam voltados diretamente para mim.

— Então ouvi vozes se aproximando de mim.

(Idem, p. 35-36.)

O que teria acontecido ao cientista? Como seriam essas criaturas que habitavam a Terra no futuro? O cientista seria bem-recebido? Como ele vai conseguir se comunicar com esses seres? Como retornará à sua casa?

Dê continuidade à história, criando você também o seu conto de aventura. Considere que o conflito da narrativa é o desejo de viajar para o futuro, fato já consumado. Você, portanto, deverá imaginar como vão ocorrer as ações a partir desse momento e como serão o clímax e o desfecho da história.

Proposta 3

Todos nós nos lembramos de alguma aventura vivida no passado: ou porque fizemos algo errado ou proibido e tínhamos medo de ser descobertos; ou porque era perigoso; ou porque, agindo com esperteza e coragem, nos saímos bem em uma situação difícil; ou porque agimos de forma solidária com outras pessoas e nos sentimos como um "herói".

Transforme essas lembranças num conto de aventuras, procurando envolver o leitor com as emoções vividas naquele momento.

Planejamento do texto

Lembre-se: o conto de aventura sempre apresenta três elementos fundamentais: o herói, o desconhecido e o perigo.

- Defina previamente quem vai (vão) ser o(s) herói(s) e, se for o caso, o(s) vilão (vilões) da história e qual será o perigo vivido.
- O herói é caracterizado pela coragem, pela força e pela astúcia. Planeje como os personagens vão mostrar essas características.
- No caso da proposta 3, decida qual será o foco narrativo e estabeleça previamente o conflito da narrativa.
- Imagine como o conflito vai ser resolvido e qual será o desfecho da história.
- Pense nos ambientes em que o enredo vai se desenrolar para descrevê-los.

Escrita

- No caso da proposta 3, comece o conto apresentando o herói (ou a heroína) em uma situação de tranquilidade até o aparecimento do conflito.
- Faça uso da descrição dos personagens e do lugar, procurando dar vida à narrativa.
- Utilize o discurso direto e o discurso indireto de modo consciente. Você pode, por exemplo, empregar o discurso direto para dar mais vida aos diálogos e às situações.
- Dê um título ao conto.

Revisão e reescrita

Antes de redigir a versão final do conto de aventura, verifique se:

- a história apresenta herói(s), desconhecido e perigo;
- o(s) herói(s) demonstra(m) ter coragem, força física ou astúcia;
- o conto apresenta as partes básicas da estrutura narrativa ou se ela foi propositalmente modificada;
- os tempos verbais estão coerentes com sua escolha de narrar no presente ou no passado;
- a descrição e os tipos de discurso foram empregados de modo coerente e equilibrado;
- a linguagem está de acordo com a norma-padrão ou se foi feita alguma adaptação, tendo em vista o perfil do narrador e dos personagens.

Depois, passe o conto a limpo e guarde-o para a produção do livro de contos, a ser feita no capítulo **Oficina de Criação**.

O ponto de vista narrativo

Os textos narrativos podem ser narrados de dois pontos de vista básicos: o de quem se coloca na posição de narrador-observador, que não participa dos fatos, e o de quem se coloca na posição de narrador-personagem, que participa diretamente dos fatos.

Leia a seguir dois trechos de contos: o primeiro é parte de um conto policial, no qual ocorre um suposto suicídio ou assassinato de uma senhora; o segundo é parte do conto "A doida", de Carlos Drummond de Andrade, que você leu no início deste capítulo.

Texto 1

Saí da residência da senhora Stevens decepcionado. Minha especulação era falsa. A massa dos vidros não tinha sido removida.

Decidi caminhar e pensar um pouco, o "suicídio" da senhora Stevens me preocupava bastante. Não policialmente, mas, diria, esportivamente. Estava diante de um assassino sagaz, possivelmente um dos três irmãos, que se valera de um expediente simples e ao mesmo tempo misterioso, impossível de ser detectado na nitidez daquele vazio.

Absorvido em minhas conjeturas, entrei num café, tão ausente do mundo que, embora detestasse bebidas alcoólicas, pedi um uísque. Quanto tempo esteve a bebida, sem ser tocada, diante dos meus olhos? Não sei. De repente, vi o copo de uísque, a garrafa d'água, o pratinho com gelo. Atônito, fiquei olhando aquilo. Uma hipótese dava grandes saltos em meu cérebro.

Biry Sarkis/Acervo da editora

Chamei o garçom, paguei a bebida que não tomara, embarquei num táxi e fui à casa da criada. No quarto, me sentei à frente dela.

— Olhe-me nos olhos — disse-lhe —, e veja bem o que vai responder: a senhora Stevens tomava uísque com gelo ou sem gelo?

— Com gelo, senhor.

— Onde comprava o gelo?

— Não comprava, senhor. Em casa há uma geladeira pequena que faz gelo em cubinhos — e a criada, como acordando, prosseguiu: — Agora me lembro, a geladeira estava estragada. Ontem, o senhor Pablo a consertou num instante.

Uma hora depois nos encontrávamos na residência da senhora Stevens: o químico de nosso laboratório, o técnico da fábrica que vendera a geladeira, o juiz de instrução e eu. O técnico retirou a água do depósito do congelador e vários cubinhos de gelo. O químico iniciou seu trabalho e, minutos depois, disse:

— A água está envenenada, os cubos também.

Olhamo-nos, contentes. O mistério tinha terminado.

(Roberto Alt. Um crime quase perfeito. *In*: Flávio Moreira da Costa (org.). *Os 100 melhores contos de crime e mistério da literatura universal*. 2. ed. Rio de Janeiro: Ediouro, 2002. p. 609.)

Texto 2

"A criança sorriu, de desaponto, sem saber o que fizesse.

Então a doida ergueu-se um pouco mais, firmando-se nos cotovelos. A boca remexeu, deixou passar um som vago e tímido.

Como a criança não se movesse, o som indistinto se esboçou outra vez.

Ele teve a impressão de que não era xingamento, parecia antes um chamado. Sentiu-se atraído para a doida, e todo desejo de maltratá-la se dissipou. Era um apelo, sim, e os dedos, movendo-se canhestramente, o confirmavam."

(Carlos Drummond de Andrade. *Contos de aprendiz*. Rio de Janeiro: Record, 1951.)

1. Observe que o narrador tem uma participação diferente em cada um dos dois textos. Em qual deles o narrador da história:

a) é também um personagem e participa diretamente dos fatos?

____

b) não participa da história e narra os fatos apenas como um observador?

____

2. Observe agora o emprego de verbos e pronomes nos dois textos:

a) Em qual dos textos predomina o emprego de verbos e pronomes em 1ª pessoa? Justifique sua resposta com alguns exemplos do texto.

____

____

____

____

____

b) E em qual predomina o emprego de verbos e pronomes em 3ª pessoa? Justifique sua resposta com alguns exemplos do texto.

____

____

____

____

____

3. A escolha do ponto de vista de uma narração não é gratuita. Dependendo da escolha, o sentido do texto pode ser completamente diferente.

a) Em qual dos dois textos o narrador narra os fatos de forma mais objetiva, sem revelar ao leitor suas próprias emoções (dúvida, medo, anseio)? Justifique sua resposta.

____

____

____

b) Em qual dos textos o narrador revela seus próprios pensamentos e emoções, mostrando ter uma visão subjetiva e parcial dos fatos?

____

____

____

Com base nas questões a que você respondeu, é possível concluir que, num texto narrativo ficcional, o narrador pode adotar dois pontos de vista básicos:

- como narrador-personagem: participa dos fatos e revela seus pensamentos e emoções em relação aos fatos narrados; predomina o emprego de verbos e pronomes em 1ª pessoa;
- como narrador-observador: não participa dos fatos e, normalmente, trata-os de forma mais objetiva e distanciada; predomina o emprego de verbos e pronomes em 3ª pessoa.

EXERCÍCIOS

Leia, a seguir, um trecho da crônica de Ruth Manus e responda às questões propostas.

A casa dos meus pais, até outro dia, era a minha casa. Aliás, os anos passaram e parece que eu nunca me acostumo a chamar a casa dos meus pais de "casa dos meus pais" e não de "minha casa". Talvez, no fundo, eu ainda pense que eu tenho duas casas.

Porque quando eu entro por aquela porta as coisas mudam. Eu coloco as armas no chão, tiro qualquer tipo de máscara do rosto e dispenso os escudos do dia a dia. Quando eu chego ali, me reconheço numa posição que hoje é rara, uma posição tranquila, de quem, por alguns raros instantes não terá que liderar porcaria nenhuma.

Houve um tempo em que eu não gostava de obedecer às ordens daquela casa. "Vai tomar banho agora, que já já o jantar sai", "vai descansar um pouco", "come uma salada antes". Hoje, cada uma dessas frases soa como música nos meus ouvidos. [...]

Na casa dos meus pais, parece que volto finalmente a ser eu mesma. Uma eu mesma que é diferente da eu mesma que sou na minha casa. Uma eu mesma que usufrui do infinito luxo que é ser filho, ser aceito em cada pequeno defeito, em cada pequeno tropeço. Naquela casa, sei que tudo vai estar bem, mesmo quando tudo estiver errado. Porque, haja o que houver, eles estão lá.

(Ruth Manus. A casa dos meus pais. *O Estado de S. Paulo*, 18/7/2018.
Disponível em: https://emais.estadao.com.br/blogs/ruth-manus/a-casa-dos-meus-pais/. Acesso em: 17/01/2023.)

1. No texto:

a) Quem é a narradora da história?

b) A narradora é criança ou adulta?

2. Em alguns trechos, a narradora traz outras vozes, ou seja, outros personagens que "falam" no texto.

a) Em que parágrafo são citadas outras vozes? Qual sinal de pontuação é utilizado para marcar tais vozes?

b) Levante hipóteses: De quem são essas vozes?

c) Por que, no final do terceiro parágrafo, a narradora afirma: "Hoje, cada uma dessas frases soa como música nos meus ouvidos."?

3. Observe as palavras destacadas nestes trechos e expressões:

- "**minha** casa"
- "**eu** nunca **me acostumo**"
- "**me reconheço**"
- "**volto** finalmente"

Por essas palavras, é possível dizer que a narradora participa da história? Justifique sua resposta.

4. A narradora do texto discorre sobre certos sentimentos ao voltar para a casa de seus pais.

a) Por que ela tem dificuldade de chamar o local de "casa dos meus pais"?

b) De modo geral, quais são os sentimentos dela ao chegar àquela casa?

c) A quem se refere o termo em destaque: "Porque, haja o que houver, **eles** estão lá."?

5. Em duplas, reescrevam o texto "A casa dos meus pais", de Ruth Manus, alterando o ponto de vista narrativo. Com a orientação do professor, as duplas poderão adotar um dos seguintes pontos de vista:

- narrador onisciente, com o emprego de verbos e pronomes na 3ª pessoa do singular;
- os pais como narradores-personagens, com o emprego de verbos e pronomes na 1ª pessoa do plural.

Concluída a atividade, confrontem as alterações que fizeram com as dos outros colegas e discutam: Houve modificação na construção de sentidos do texto?

CAPÍTULO

3 O conto policial

O GÊNERO EM FOCO

Leia, a seguir, um conto policial de Medeiros e Albuquerque, o primeiro escritor brasileiro a se dedicar ao gênero policial.

Se eu fosse Sherlock Holmes*

Os romances de Conan Doyle me deram o desejo de empreender alguma façanha no gênero das de Sherlock Holmes. Pareceu-me que deles se concluía que tudo estava em prestar atenção aos fatos mínimos. Destes, por uma série de raciocínios lógicos, era sempre possível subir até o autor do crime.

Quando acabara a leitura do último dos livros do Conan Doyle, meu amigo Alves Calado teve a oportuna nomeação de delegado auxiliar. Íntimos, como éramos, vivendo juntos, como vivíamos na mesma pensão, tendo até escritório comum de advocacia, eu lhe tinha várias vezes exposto minhas ideias de "detetive". Assim, no próprio dia de sua nomeação ele me disse:

— Eras tu que devias ser nomeado!

Mas acrescentou, desdenhoso das minhas habilidades:

— Não apanhavas nem o ladrão que roubasse o **obelisco** da avenida!

Fi-lo, porém, prometer que, quando houvesse algum crime, eu o acompanharia a todas as diligências. Por outro lado levei-o a chamar a atenção do seu pessoal para que, tendo notícia de qualquer roubo ou assassinato, não invadisse nem deixasse ninguém invadir o lugar do crime.

— Alta polícia científica — disse ele, gracejando.

Passei dias esperando por algum acontecimento trágico, em que pudesse revelar minha **sagacidade**. Creio que fiz mais do que esperar: cheguei a desejar.

Uma noite, fui convidado por Madame Guimarães para uma pequena reunião familiar. Em geral, o que ela chamava "pequenas reuniões" eram reuniões de vinte a trinta pessoas, da melhor sociedade. Dançava-se, ouvia-se boa música e quase sempre ela exibia algum "número" curioso: artistas de teatro, de *music-hall* ou de circo, que contratava para esse fim. O melhor, porém, era talvez a palestra que então se fazia, porque era mulher muito inteligente e só convidava gente de espírito. Fazia disso questão.

A noite em que lá estive entrou bem nessa regra.

Biry Sarkis/Acervo da editora

* Este conto foi extraído do livro *Se eu fosse Sherlock Holmes* (1932).

Em certo momento, quando ela estava cercada por uma boa roda, apareceu Sinhazinha Ramos. Sinhazinha era sobrinha de Madame Guimarães; casara-se pouco antes com um médico de grande clínica.

[...]

A casa era de dois andares e Madame Guimarães, nos dias de festas, tomava a si arrumar capas e chapéus femininos no seu quarto:

— Serviço de vestiário é exclusivamente comigo. Não quero confusões.

[...]

Nisto, uma das senhoras presentes veio despedir-se de Madame Guimarães. Precisava de seu chapéu. A dona da casa, que, para evitar trocas e desarrumações, era a única a penetrar no quarto que transformara em vestiário, levantou-se e subiu para ir buscar o chapéu da visita, que desejava partir.

Não se demorou muito tempo. Voltou com a fisionomia transtornada:

— Roubaram-me. Roubaram o meu anel de brilhantes...

Todos se reuniram em torno dela. Como era? Como não era? Não havia, aliás, nenhuma senhora que não o conhecesse: um anel com três grandes brilhantes de um certo mau gosto espetaculoso, mas que valia de sessenta a oitenta contos.

Sherlock Holmes gritou dentro de mim: "Mostra o teu talento, rapaz!".

Sugeri logo que ninguém entrasse no quarto. Ninguém! Era preciso que a Polícia pudesse tomar as marcas digitais que por acaso houvesse na mesa de cabeceira de Madame Guimarães. Porque era lá que tinha estado a joia.

Saltei ao telefone, toquei para o Alves Calado, que se achava de serviço nessa noite, e preveni-o do que havia, recomendando-lhe que trouxesse alguém, perito em datiloscopia.

Ele respondeu de lá com a sua força habitual:

— Vais afinal entrar em cena com a tua alta polícia científica?

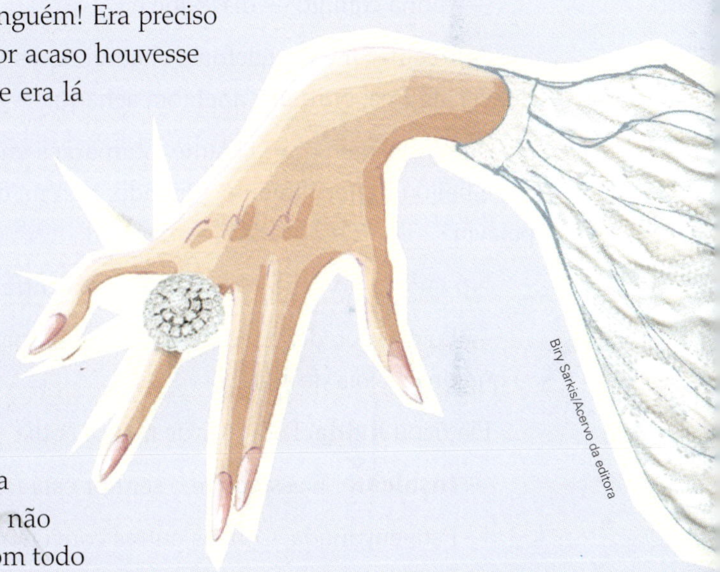

Biry Sarkis/Acervo da editora

Objetou-me, porém, que a essa hora não podia achar nenhum perito. Aprovou, entretanto, que eu não consentisse ninguém entrar no quarto. Subi então com todo o grupo para fecharmos a porta a chave. Antes de se fechar, era, porém, necessário que Madame Guimarães tirasse as capas que estavam no seu leito. Todos ficaram no corredor, mirando, comentando. Eu fui o único que entrei, mas com cuidado extremo, um cuidado um tanto cômico de não tocar em coisa alguma. Como olhasse para o teto e para o assoalho, uma das senhoras me perguntou se estava jogando "o carneirinho-carneirão, olhai p'ra o céu, olhai p'ra o chão".

Retiradas as capas, o zum-zum das conversas continuava. Ninguém tinha entrado no quarto fatídico. Todos o diziam e repetiam.

Foi no meio dessas conversas que Sherlock Holmes cresceu dentro de mim. Anunciei:

— Já sei quem furtou o anel.

De todos os lados surgiam exclamações. Algumas pessoas se limitavam a interjeições: "Ah!", "Oh!". Outras perguntavam quem tinha sido.

Sherlock Holmes disse o que ia fazer, indicando um gabinete próximo:

— Eu vou para aquele gabinete. Cada uma das senhoras aqui presentes fecha-se ali em minha companhia por cinco minutos.

mimomy/Shutterstock

— Por cinco minutos? — indagou dr. Caldas.

— Porque eu quero estar o mesmo tempo com cada uma, para não se poder concluir da maior demora com qualquer delas que essa foi a culpada. Serão para cada uma cinco minutos cronométricos.

O dr. Caldas voltou, gracejando:

— Mas V. veja o que faz. Não procure namorar minha mulher, senão eu lhe dou um tiro.

Houve uma hesitação. Algumas diziam estar acima de qualquer suspeita, outras que não se submetiam a nenhum inquérito policial. Venceu, porém, o partido das que diziam "quem não deve não teme". Eu esperava, paciente. Por fim, quando vi que todas estavam resolvidas, lembrei que seria melhor quem fosse saindo despedir-se e partir.

E a cerimônia começou. Cada uma das senhoras esteve trancada comigo justamente os cinco minutos que eu marcara.

Quando a última partiu, saiu do gabinete, achei à porta, ansiosa, Madame Guimarães:

— Venha comigo — disse-lhe eu.

Aproximei-me do telefone, chamei Alves Calado e disse-lhe que não precisava mais tomar providência alguma, porque o anel fora achado.

Voltando-me para Madame Guimarães entreguei-o então. Ela estava tão nervosa que me abraçou e até beijou freneticamente. Quando, porém, quis saber quem fora a ladra, não me arrancou nem uma palavra.

No quarto, ao ver Sinhazinha Ramos entrar, tínhamos tido, mais ou menos, a seguinte conversa:

— Eu não vou deitar verdes para colher maduros, não vou armar cilada alguma. Sei que foi a senhora que tirou a joia de sua tia.

Ela ficou **lívida**. Podia ser de medo. Podia ser **cólera**. Mas respondeu firmemente:

— **Insolente**! É assim que o senhor está fazendo com todas, para descobrir a culpada?

— Está enganada. Com as outras converso apenas, conto-lhes anedotas. Com a senhora, não; exijo que me entregue o anel.

Mostrei-lhe o relógio para que visse que o tempo estava passando.

— Note — disse eu — que tenho uma prova, posso fazer ver a todos.

Ela se traiu, pedindo:

— Dê sua palavra de honra que tem essa prova!

Dei. Mas o seu sorriso me mostrou que ela, sem dar por isso, confessara indiretamente o fato.

— E já agora — acrescentei — dou-lhe também a minha palavra de honra que nunca ninguém saberá por mim o que fez.

Ela tremia toda.

— Veja que falta um minuto. Não chore. Lembre-se de que precisa sair daqui com uma fisionomia jovial. Diga que estivemos falando de modas.

Ela tirou a joia do seio, deu-ma e perguntou:

— Qual é a prova?

— Esta — disse-lhe eu apontando para uma esplêndida rosa-chá que ela trazia. — É a única pessoa, esta noite, que tem aqui uma rosa amarela. Quando foi ao quarto de sua tia, teve a infelicidade de deixar cair duas pétalas dela. Estão junto da mesa de cabeceira.

Abri a porta. Sinhazinha compôs magnificamente, imediatamente, o mais encantador, o mais natural dos sorrisos e saiu dizendo:

— Se este Sherlock fez com todas o mesmo o que fez comigo vai ser um fiasco.

Não foi fiasco, mas foi pior.

Quando Sinhazinha chegara, subira, logo. Graças à intimidade que tinha na casa, onde vivera até a data do casamento, podia fazer isso naturalmente. Ia só para deixar a sua capa dentro de um armário. Mas, à procura de um alfinete, abriu a mesinha de cabeceira, viu o anel, sentiu a tentação de roubá-lo e assim fez. Lembrou-se de que tinha de ir para a Europa daí a um mês. Lá venderia a joia. Desceu então novamente com a capa e mandou pô-la no automóvel. E como ninguém a tinha visto subir, pôde afirmar que não fora ao andar superior.

Eu estraguei tudo.

Mas a mulherzinha se vingou: a todos insinuou que provavelmente o ladrão tinha sido eu mesmo, e, vendo o caso descoberto antes da minha retirada, armara aquela encenação para atribuir a outrem o meu crime.

O que sei é que Madame Guimarães, que sempre me convidava para as suas recepções, não me convidou para a de ontem… Terá talvez sido a primeira a acreditar na sobrinha.

(*Histórias de detetive*. 2. ed. São Paulo: Ática, 1993. p. 30-35. Col. Para Gostar de Ler, v. 12.).

cólera: furor, ímpeto, ira.

insolente: desrespeitoso, arrogante, insólito.

lívido: pálido, azulado.

obelisco: monumento vertical.

objetar: alegar em sentido contrário.

sagacidade: agudeza de espírito; capacidade de compreender por simples indícios.

1. Observe o narrador da história.

a) A narração é feita em 1ª pessoa ou em 3ª pessoa? Justifique sua resposta com verbos e pronomes empregados no texto.

____

____

____

b) Quem é o narrador?

____

____

____

Quem é? Medeiros e Albuquerque

Reprodução/Arquivo Nacional

José Joaquim Medeiros e Albuquerque (1867-1934) nasceu no Recife (PE). Teve uma importante atuação na vida pública como deputado federal e senador. Como escritor, publicou crônicas em vários jornais e revistas. Também foi poeta e um dos fundadores da Academia Brasileira de Letras, mas seu principal destaque está no conto policial, já que é considerado o introdutor desse gênero em nosso país.

O livro *Se eu fosse Sherlock Holmes*, do qual foi extraído o conto lido, já demonstra no título a grande admiração do escritor pelas obras de Conan Doyle.

2. Sherlock Holmes, famoso detetive de histórias policiais do escritor Conan Doyle, é muito admirado pelo narrador do conto.

a) O que o narrador mais admira no método utilizado por Sherlock Holmes?

b) Por que a amizade do narrador com Alves Calado poderia ajudá-lo a realizar seu sonho?

3. O narrador é convidado por Madame Guimarães para uma reunião na casa dela com pessoas da alta sociedade. Nessa noite, um anel da anfitriã é furtado de seu quarto. Por que o furto do anel surpreendeu a todos?

4. O acontecimento inesperado atraiu o interesse do narrador.

a) Explique o significado deste trecho da narrativa: "— Mostra o teu talento, rapaz!".

b) Que medidas o narrador-detetive tomou imediatamente após ter sido anunciado o furto?

5. Observe estes trechos do conto:

- "Foi no meio dessas conversas que Sherlock Holmes cresceu dentro de mim. Anunciei: — Já sei quem furtou o anel."
- "Sherlock Holmes disse o que ia fazer, indicando um gabinete próximo."

Biry Sarkis/Acervo da editora

a) Explique o sentido do primeiro trecho no contexto.

b) Compare os dois enunciados e comente a diferença de destaque que tem Sherlock Holmes em cada um dos enunciados.

6. O narrador-detetive interdita o quarto onde o furto ocorreu e o examina inteiramente. Na sequência, diz a todos: "— Já sei quem furtou o anel" e anuncia que precisa entrevistar cada uma das mulheres da festa. Troque ideias com os colegas e responda:

a) Estaria o narrador blefando ou, de fato, ele já teria deduzido quem era o responsável pelo furto? Justifique sua resposta.

b) Levante hipóteses: Por que, entre os suspeitos, não foram incluídos os homens presentes na reunião?

7. O narrador não revela ao leitor como foi a conversa com cada uma das mulheres. Depois que a última senhora deixa o gabinete, ele dá o caso por encerrado e devolve o anel a Madame Guimarães. Que efeito esse procedimento causa sobre o leitor?

Sherlock Holmes no cinema

O personagem de Conan Doyle já teve quinze adaptações para o cinema. Uma das mais recentes é o filme *Sr. Sherlock Holmes*, de Bill Condon, de 2015. Nele, Sherlock Holmes já está aposentado, com mais de 80 anos, e resolve escrever suas memórias. O detetive é representado pelo ator Ian McKellen, conhecido pelo papel do mago Gandalf em *O senhor dos anéis*.

Pictorial Press/Alamy/Fotoarena

Cena do filme *Sr. Sherlock Holmes*, de Bill Condon.

8. Depois de devolvido o anel, o narrador faz um *flashback*, isto é, uma retrospectiva na qual revela aos leitores a estratégia utilizada para descobrir ou confirmar quem era o ladrão.

a) Qual foi a estratégia utilizada pelo narrador?

b) Que proposta, feita pelo narrador, foi irrecusável para a culpada?

c) Troque ideias com a turma: Que vantagem há, do ponto de vista da narrativa, em contar como foi a conversa com Sinhazinha Ramos somente depois de o anel ser devolvido?

9. Depois de assumir a culpa, Sinhazinha Ramos quer conhecer a prova que o narrador disse ter para acusá-la.

a) Qual é a prova?

b) Ao relacionar essa prova ao criminoso, o narrador fez uso do método utilizado por Sherlock Holmes? Por quê?

10. Nos contos policiais, sempre há um motivo para um crime. Que motivo levou Sinhazinha Ramos a cometer o crime? O que esse ato revela de seu caráter?

11. Os contos e romances policiais costumam apresentar alguns elementos básicos: um policial ou detetive, um crime, os suspeitos, as pistas, a causa do crime, a revelação do criminoso. Troque ideias com a turma e responda oralmente: O conto lido apresenta todos esses elementos? Justifique sua resposta.

12. Caracterize a linguagem utilizada no conto.

13. O conto policial, assim como outros tipos de conto, costuma apresentar a estrutura convencional do conto. Associe as partes do conto aos fatos a seguir.

1) Situação inicial	☐	Isolar e examinar o quarto
2) Conflito	☐	Os últimos detalhes sobre o plano de Sinhazinha Ramos
3) Início da ação	☐	Os dois últimos parágrafos
4) Clímax	☐	O desaparecimento do anel
5) Declínio da ação	☐	A revelação do culpado
6) Desfecho	☐	Apresentação do protagonista e de seu desejo de ser um detetive

Edgar Allan Poe e o conto policial

Edgar Allan Poe (1809-1849) nasceu em Boston, nos Estados Unidos. É apontado como um dos criadores do conto, do conto de mistério, do conto policial e da ficção científica. Influenciou inúmeras gerações de escritores em todo o mundo e é considerado um dos maiores escritores da literatura universal. Cultivou a poesia e a prosa.

Entre seus trabalhos mais conhecidos estão o poema "The raven" ("O corvo") e os contos "O gato preto", "Assassinatos na Rua Morgue", "O retrato oval" e "O escaravelho de ouro".

SPCOLLECTION/Alamy/Fotoarena

14. Com a orientação do professor, reúna-se com alguns colegas para preencher as lacunas do quadro a seguir com as características básicas do conto policial.

Conto policial: construção e recursos expressivos	
Quem são os interlocutores do conto policial?	
Qual é o objetivo do conto policial?	
Onde o conto policial circula?	
Quais temas são abordados no conto policial?	
Como é a estrutura do conto policial?	
Qual é o perfil do(s) protagonista(s) do conto policial?	
Como se caracteriza a linguagem do conto policial?	

Nos dois primeiros capítulos desta unidade, você e os colegas produziram textos para compor a antologia de contos de aventura e policiais que será lançada no capítulo **Oficina de Criação**. Para enriquecer a antologia, desta vez vocês vão produzir contos policiais.

Há, a seguir, três propostas de produção de conto policial. Se possível, desenvolva ao menos duas delas, conforme orientação do professor.

Proposta 1

Imagine que Sinhazinha Ramos não tivesse deixado cair as pétalas de rosa no quarto de Madame Guimarães nem confessado a autoria do crime. Como poderia terminar a história? Quem seria o criminoso?

Reconte a história lida ou dê continuidade a ela, introduzindo um novo criminoso, outra causa do crime e outras provas. Crie também um desfecho diferente para a história. Elimine ou acrescente fatos, se julgar conveniente.

Proposta 2

Leia, a seguir, o início de um conto policial de 1940, de autoria do escritor paulista Jerônimo Monteiro, criador do personagem-detetive que ficou famoso na época, Dick Peter.

O fantasma da Quinta Avenida

I — APARECE O FANTASMA

Dick Peter chegou à casa de Mary às oito horas da noite. O senhor Patrick havia saído numa viagem, e Dick foi introduzido no luxuoso salão de visitas.

Seus olhos não se despegavam da escadaria de mármore por onde Mary costumava descer com seu gracioso passo e um luminoso sorriso nos lábios.

Passaram-se cinco minutos, mas Dick não estranhou a demora... As mulheres, quando se trata de melhorar a sua beleza, não têm muita pressa...

De súbito, um grande grito encheu a casa toda. Era um grito de mulher, lancinante, terrível, que provocou no moço um forte estremecimento e lhe deu a viva intuição de que alguma desgraça acabava de acontecer.

Dick Peter era homem de ação, e não demorou mais de dois segundos para entrar em atividade. Aos pulos, galgou a escadaria de mármore e chegou ao primeiro andar, onde eram situados os aposentos de Mary.

Lá em cima estava tudo em silêncio, mas, de baixo, vinha o ruído do tropel dos criados que corriam para ver o que teria acontecido na casa sempre tão calma.

A porta do quarto de Mary estava fechada por dentro, e Dick descarregou sobre ela uma forte pancada.

Ninguém respondeu. Nesse momento, os criados chegavam ao lado de Dick, falando todos ao mesmo tempo, assustados, desorientados e cheios de medo.

— Silêncio! — gritou Dick. — Onde está a governante?

Uma senhora idosa, trêmula e pálida de medo, aproximou-se.

— Onde está a chave deste quarto?

— Está lá embaixo...

— Vá buscá-la! Depressa!

A mulherzinha pôs-se a descer a escadaria, o mais rapidamente que lhe permitiam as suas velhas e entorpecidas pernas.

Mas Dick não podia esperar. A sua impaciência era grande demais. Fazendo recuar a criadagem, afastou-se alguns passos e atirou o corpo contra a porta. Houve um forte estalido. Mas a porta ainda não cedera. Dick afastou-se novamente e atirou-se com a maior força que possuía. Desta vez, a porta abriu-se com violência, arrancando lascas do batente.

Os criados iam precipitar-se para dentro, mas Dick fê-los parar com um gesto, e entrou sozinho.

Dentro do quarto, Mary estava estendida no chão, pálida como um cadáver e segurando ainda na mão crispada um arminho de pó de arroz.

Nada mais.

Os móveis em perfeita ordem, e a janela aberta para a noite negra e silenciosa.

Dick abaixou-se e procurou sentir o coração da moça. Pareceu-lhe que ele não batia mais; insistindo, no entanto, sentiu que o coração lhe pulsava ainda, embora levemente.

Ajoelhado ainda sobre o corpo, voltou-se e gritou para os criados:

— Vão chamar um médico, depressa!

Imediatamente, dois criados se atiraram pela escada abaixo.

Enquanto isso, Dick levantou o corpo de Mary como se ela fosse uma boneca e depositou-o sobre o leito, pondo-se a friccionar-lhe ansiosamente as mãos.

Depois, mandou vir um copo de água, que foi derramando, gota a gota, entre os descorados lábios de sua amada.

Alguns minutos depois, entrava no quarto o dr. Sammy Cave, que morava no palacete vizinho.

Biry Sarkis/Acervo da editora

— Que aconteceu aqui? — foi ele perguntando com sua voz fanhosa.

— Não sei, doutor. Eu estava lá embaixo, quando ouvi um grito e corri para cima, vindo encontrar a senhorita Mary neste estado, estendida no chão.

[...]

Depois de ter examinado a moça, o dr. Cave voltou para Dick os seus olhos amortecidos e disse:

— Não é coisa de importância. Ela deve ter sofrido um susto qualquer e perdeu os sentidos. Mas ficará logo boa. Depois, com 24 horas de repouso, não terá mais nada.

Em seguida, receitou qualquer coisa, dizendo a Dick:

— Enquanto o remédio não chegar, não lhe façam nada. Deixem-na em repouso.

— Mas eu não vou deixá-la aqui sozinha...

— É melhor deixá-la — disse o médico.

— Bem — respondeu Dick contrariado. — Se acha isso necessário, sairei.

E todos se retiraram, descendo as escadas. Dick, no entanto, preso por um pressentimento qualquer, não foi para baixo. Colocou uma poltrona ao lado da porta do quarto e sentou-se ali, para velar.

Alguma coisa má lhe apertava o coração. Dir-se-ia que um mal-estar, pouco a pouco, dominava todo o seu ser.

Sentado na sua poltrona, ele apurava cuidadosamente o ouvido, para surpreender qualquer rumor, e nem sabia por que fazia isso.

Assim se passou meia hora.

Por fim, a tensão nervosa de Dick tornou-se tão violenta que ele não pôde suportar mais. Levantou-se, com o máximo cuidado, entreabriu a porta. A princípio, a meia-luz que reinava dentro do quarto, em contraste com a iluminação forte do corredor, não o deixou ver nada.

De repente, porém, pareceu-lhe que havia um vulto branco junto à janela. Era um vulto alto, de formas indefinidas.

Pensou que poderia ser Mary delirando, e chamou:

— Mary!

Imediatamente o vulto teve um sobressalto e fez um gesto, como quem vai saltar a janela. Nesse mesmo instante, Dick, olhando para o leito, viu que Mary continuava estendida na cama. E viu também que o vulto trazia um lençol, ou coisa parecida, atirado pela cabeça, cobrindo-lhe o corpo todo.

Então, Dick abriu completamente a porta e avançou.

O fantasma deu outro impulso para saltar a janela.

Dick, rápido como um raio, puxou do revólver e atirou sobre ele.

A fumaça escureceu tudo, mas Dick viu ainda o fantasma pular a janela, desaparecendo instantaneamente.

(*Histórias de detetive*, cit., p. 58-61. Col. Para Gostar de Ler, v. 12.)

Quem é o vulto branco que adentrou o quarto de Mary? Será ele, realmente, um "fantasma"? Se não, o que ele queria com Mary? O que Mary poderá contar, depois de se recuperar?

Dê continuidade à história.

Proposta 3

Crie livremente um conto policial, observando as orientações a seguir.

Planejamento do texto

- Lembre-se: o conto policial sempre apresenta um policial ou detetive, um crime, os suspeitos, as pistas, a causa do crime e a revelação do criminoso. Portanto, imagine como será cada um desses elementos e como eles vão se relacionar.
- No caso da proposta 2, o conflito pode ser considerado o aparecimento do vulto branco no quarto de Mary. Imagine como serão o desenvolvimento e o clímax da ação.
- Lembre-se: no conto policial, o herói é caracterizado pela inteligência, pelo raciocínio lógico e pela astúcia.
- No caso da proposta 3, pense nos ambientes em que o enredo se desenvolverá e em como serão caracterizados.
- Pense num desfecho para a narrativa.

Escrita

- Nas propostas, mantenha a narração no passado.
- Faça uso da descrição dos personagens e do espaço, procurando dar vida à narrativa.
- Utilize o discurso direto e o discurso indireto de modo consciente. Você poderá, por exemplo, empregar o discurso direto para dar mais vida aos diálogos e às situações.
- Se quiser, poderá criar suspense e revelar, por meio de um *flashback*, aquilo que foi, propositalmente, ocultado dos leitores.
- Dê um título ao conto.

Revisão e reescrita

Antes de redigir a versão final do conto policial, verifique se:

- a história apresenta detetive ou policial, crime, criminoso, suspeitos, pistas, aventura e perigo;
- o detetive demonstra ter habilidade, inteligência e astúcia;
- o conto apresenta as partes básicas da estrutura narrativa ou se ela foi propositalmente modificada;
- os tempos verbais foram empregados coerentemente no passado;
- a descrição e os tipos de discurso foram empregados de modo coerente e equilibrado;
- a linguagem está de acordo com a norma-padrão e com o perfil do narrador e dos personagens.

OFICINA DE CRIAÇÃO

Projeto » Entre a aventura e o crime

Participe com os colegas da produção de um livro de contos de aventura e contos policiais e da montagem de uma mostra de contos, com o lançamento de um ou mais livros de contos e a apresentação de *vids*. Convidem o professor, familiares, amigos e funcionários da escola para visitar a mostra.

Caso você tenha outros contos escritos e queira expô-los, aproveite a oportunidade e reúna-os em um livro para apresentá-los na mostra.

Biry Sarkis/Acervo da editora

1. Livros de contos

Decidindo a organização dos livros

Com a orientação do professor, discuta com os colegas quantos livros de contos a turma vai produzir e quantos contos farão parte de cada livro.

Zoriana Zaitseva/Shutterstock

Uma possibilidade, por exemplo, é cada aluno participar com apenas um conto; assim, a turma produziria um único livro. Outra possibilidade é a turma ser organizada em grupos de cinco ou seis alunos e cada aluno apresentar dois ou três contos. Nesse caso, haveria mais de um livro produzido pela turma.

Decidam como vai ser feita a montagem do livro: de modo artesanal, com folhas de papel grampeadas, por exemplo, ou de modo mais sofisticado, com o auxílio de um computador, um editor de textos, um projeto gráfico e impressão única.

Pensem no modo como as folhas serão presas: grampeador, furos com barbante, cola, etc. Pensem também se haverá ilustrações para os textos.

Reunindo o material produzido

De acordo com os critérios adotados, recolham os contos que vocês produziram nesta unidade. Se necessário, passem os textos a limpo em folhas de papel de acordo com a decisão sobre o formato do livro.

Adotem um critério para a organização dos contos. Por exemplo: vocês poderão, primeiramente, incluir os contos de aventura e depois os contos policiais. Poderão também organizar os textos por ordem alfabética de autores.

Montando o livro

- Façam uma capa de cartolina ou de outro papel. Escrevam o nome do livro, que pode ser **Contos de aventura e contos policiais** ou outro que queiram. Coloquem o nome dos autores (por exemplo, alunos do 6º A).
- Juntem todo o material que vai entrar na publicação, coloquem a capa e grampeiem ou adotem outra forma de prender as páginas (por exemplo, encadernando).

2. Produzindo *vids*

Produzam um *vid* literário, recontando em formato audiovisual um dos contos lidos ou produzidos pela turma. Vocês podem utilizar trechos de músicas, videoclipes, imagens de filmes, séries ou novelas, e cenas gravadas com os colegas para recontar, de outra maneira, o conto escolhido. Vocês podem recorrer ao humor ou ao suspense e usar também personagens de outras histórias ou séries, animações e filmes dos quais vocês são fãs. Bom exemplo de *vid*, que vocês podem acessar no YouTube, é FanFiction Harry Potter — Um acidente no tempo.

Se preferirem, poderão produzir um *vid* recomendando a leitura do livro de contos a ser lançado na mostra, destacando os principais trabalhos e comentando como foi o processo de criação dos contos.

Quando o *vid* estiver pronto, combine com o professor como divulgá-lo.

Vid, vidding e *vidder*

O *vid* é um vídeo feito por fãs a partir de montagens de cenas retiradas de séries, animações, filmes, etc., e acompanhadas geralmente de músicas e textos. Na internet, é comum encontrar *vids* criados por grupos de fãs de animação japonesa, o anime.

Vidding é o ato ou processo de criação de vids, e *vidder*, a pessoa que produz esses vídeos.

(Fonte: Clécio Bunzen e Márcia Mendonça. *Múltiplas linguagens para o Ensino Médio.* São Paulo: Parábola, 2013.)

3. Como organizar o evento

Expondo os livros

Ao organizar o evento, disponham os livros de contos produzidos pela classe de uma forma que possibilite ao público manuseá-los e, naturalmente, lê-los.

Incluam na mostra livros de contos variados, de autores nacionais e estrangeiros, também de maneira que possam ser folheados e lidos pelos visitantes.

Próximo do local da exposição dos livros, afixem um cartaz com o nome do evento (ou outro, se a classe preferir).

Apresentando os *vids*

No mesmo ambiente, disponham sobre uma mesa um ou dois *laptops* ou computadores. Se for necessário acessar a internet, nesse ambiente deve haver conexão.

SeventyFour/Shutterstock

Apresentem aos convidados os *vids* que produziram nesta unidade. Vocês podem se revezar, deixando sempre ao lado do computador um ou dois alunos para interagir com o público, apresentar os vídeos e comentar como foram produzidos, etc.

Vocês também podem divulgar os canais da internet nos quais postaram os *vids* e sugerir aos visitantes que interajam com eles, fazendo comentários e sugestões *on-line*.

Se houver alunos que façam *cosplay*, isto é, que se vistam de personagens de filmes e animações, eles podem se produzir no dia da mostra para atrair a atenção do público e anunciar as atrações.

Peçam ajuda ao professor de Arte para decorar os ambientes.

UNIDADE

4 Liberdade

Esta unidade de ensino contempla:

9 habilidades da BNCC

Habilidades do campo jornalístico-midiático e de práticas de estudo e pesquisa, com foco na exposição oral e na produção de cartazes e artigos de opinião.

3 gêneros textuais

Exposição oral, cartaz e artigo de opinião.

2 recursos: Para falar e escrever com precisão e Para escrever com coesão e coerência

Vocabulário; coerência e coesão.

67 atividades: compreensão, interpretação, oralidade e escrita

Diversas atividades individuais e em grupo e propostas de produção de cartazes e artigos de opinião.

Projeto: Oficina de Criação

Participar com os colegas da organização de um simpósio, com exposições orais e apresentação dos cartazes e dos artigos de opinião que a turma produziu ao longo da unidade.

"Na primeira vez que li *O Pequeno Príncipe*, fiz uma leitura desatenta, imatura. Li por ler, esperando não sei exatamente o que. Achei o Principezinho um chato, a história sem graça... Não cheguei a odiar, fiquei quase indiferente à obra. Anos depois, quando peguei para reler, já no original, tive uma percepção muito diferente. Me apaixonei pela sensibilidade do narrador, pela filosofia simples e profunda do Principezinho. Afinal compreendi a poesia oculta naquele livro nem completamente infantil nem propriamente adulto, mas essencialmente humano; por isso se tornou um clássico. Se não tivesse dado essa segunda chance à obra, ela me teria passado batida e hoje faria falta na minha bagagem literária."

Nicole Ayres.
(Disponível em: https://homoliteratus.com/6-depoimentos-sobre-livros-que-ficaram-melhores-apos-a-segunda-leitura/.)

Biry Sarkis/Acervo da editora

FIQUE LIGADO! *Pesquise!*

Pictorial Press Ltd/Alamy/Fotoarena

Cena do filme *A menina que roubava livros*, com Sophie Nelisse como Liesel Meminger.

A menina que roubava livros, de Brian Percival; *A língua das mariposas*, de José Luis Cuerda; *Adoráveis mulheres*, de Gillian Armstrong; *A história sem fim*, de Wolfgang Petersen; *Pagemaster — O mestre da fantasia*, de Maurice Hunt; *Escritores da liberdade*, de Richard LaGravenese; *Minhas tardes com Margueritte*, de Jean Becker; *As aventuras do avião vermelho*, de Frederico Pinto e José Maia.

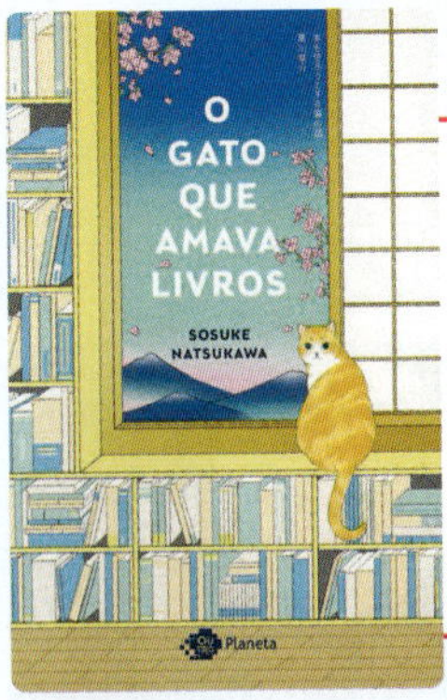

Reprodução/Editora Planeta

O gato que amava livros, de Sosuke Natsukawa (Planeta); *As aventuras do avião vermelho*, de Erico Verissimo (Companhia das Letrinhas); *A biblioteca mágica de Bibbi Bokken*, de Jostein Gaarder e Klaus Hagerup (Companhia das Letras); *Papirofobia — Leopoldo e a montanha de livros*, de Susanna Tamaro (Rocco); *Voa, palavra*, de Libério Neves e Paulo Bernardo Vaz (Formato); *Memórias de um aprendiz de escritor*, de Moacyr Scliar (Nacional); coleção Desventuras em Série, de Lemony Snicket (Companhia das Letras).

- http://espacodeleitura.labedu.org.br
- https://ccbb.com.br/programacao-digital/tour-virtual-ziraldo-interativo/
- www.dobrasdaleitura.blogspot.com.br
- www.ufjf.br/bibliotecavirtualinfantil
- https://blog.clubedeautores.com.br/categoria/blog

Visite a biblioteca de sua escola e a(s) de sua cidade.

FIQUE LIGADO! *Escreva!*

Na página ao lado, você leu o depoimento de uma leitora da obra *O Pequeno Príncipe*. Ela relata que, na primeira vez que leu a obra, não percebeu a sensibilidade e a importância dela. Depois, encantou-se. Você já se encantou com um livro? Já começou a ler por obrigação ou sem atenção e, depois, foi sendo conquistado pela obra? Relembre algum livro que você leu e que, por algum motivo, tenha marcado sua história e conte oralmente a seus colegas, em um breve depoimento. Em seguida, escreva seu depoimento em um papel colorido e afixe-o no mural da sala de aula, com os dos colegas, para que todos conheçam as histórias de leitura uns dos outros.

Bridgeman Images/Fotoarena

Uma garota lendo, 1937 (óleo sobre tela), de Antoni Vila Arrufat. Museu de Arte de Sabadell, Barcelona, Espanha.

Você provavelmente já viu inúmeros cartazes em sua escola e em estabelecimentos comerciais e públicos. No dia combinado com o professor, traga para a sala de aula alguns cartazes ou recortes de propagandas nas quais apareçam cartazes. Traga também alguns textos de opinião recortados de jornais e revistas. Troque esse material com os colegas.

Observe os cartazes. Leia-os e depois tente descrevê-los, identificando de que tipo é cada um deles. Pode tratar-se de um cartaz de campanha de vacinação, de doação de agasalhos; um cartaz publicitário de um filme, uma peça de teatro, um espetáculo musical; um cartaz informativo sobre prevenção de doenças, cuidados com a alimentação; um cartaz comercial, isto é, que anuncia um produto.

Observe os textos de opinião, leia-os e escolha um deles para reler atentamente. Qual é o assunto que está em discussão no texto que você escolheu? Você concorda com a opinião do autor? Por quê?

Agora, responda trocando ideias com os colegas:

- Ao observar os cartazes, o que você nota de comum entre eles?
- A todo momento, somos estimulados a dar nossa opinião sobre algum assunto que circula no dia a dia. Nessa situação, com que objetivo você dá sua opinião?
- Houve alguma situação em que você conseguiu convencer seu interlocutor? Conte para os colegas.
- Há programas de televisão em que pessoas são convidadas a opinar sobre determinado assunto. Você conhece algum programa desse tipo? Qual? Cite um assunto e opiniões diferentes que você ouviu sobre esse programa.
- Em tempos de popularização das mídias digitais, as informações e o conhecimento são disseminados com extrema facilidade, e os textos que produzimos, orais ou escritos, podem ser gravados e compartilhados pelas redes sociais e pelas plataformas *on-line*. Palestras e apresentações orais estão muito presentes nesses canais, assim como cartazes, *podcasts* e artigos de opinião. Mas e antes da internet? Onde líamos esses textos?

Após a troca de ideias com os colegas, leia os textos a seguir.

Reprodução/Sistema de Bibliotecas da Universidade de Caxias do Sul

A arte de falar em público

Saber falar é uma arte que continua sendo valorizada nos dias de hoje. Conseguir expor informações com clareza e defender suas ideias oralmente diante de um público é uma habilidade extremamente importante, que pode ser aprendida e aperfeiçoada. A exposição oral de ideias remonta aos gregos e romanos da Antiguidade, com a retórica e a oratória, e vem sendo estudada e difundida há muitos séculos.

AYA images/Shutterstock

Argumentar e defender ideias

A origem do texto de opinião se confunde com a própria origem da sociedade humana. Debater uma questão polêmica e defender o próprio ponto de vista é algo que com certa frequência fazemos em nosso dia a dia, seja oralmente, seja por escrito. Modernamente, com o advento da imprensa, o texto de opinião ganhou destaque e assumiu feições específicas, estando presente em todos os veículos de comunicação — jornais, revistas, livros, rádio, televisão e *sites*, em gêneros como o artigo de opinião, o editorial, a crítica. Entre esses, o artigo de opinião, especificamente, é o texto que permite ao seu autor expor suas ideias sobre um tema polêmico, com argumentos organizados a fim de convencer os interlocutores de que vale a pena considerar o parecer dele. Para tanto, em geral, o autor de um artigo de opinião é um especialista no assunto, uma autoridade na área da discussão, uma pessoa diretamente envolvida com o assunto, ou alguém cuja voz, por algum motivo, seja relevante para o debate.

Argumentação e debate nas redes

Com o advento da internet e, mais recentemente, das redes sociais, surgiram gêneros argumentativos que circulam digitalmente. Seus formatos são muito variados: vídeos, arquivos em áudio (*podcast*), fotos com legendas, comentários, etc.

A grande mudança que a internet trouxe para debates amplos da sociedade é a possibilidade de todos se manifestarem sobre os mais variados assuntos. Contudo, nas redes, o embasamento, a confiabilidade e a qualidade dos argumentos tendem a ser menores, mais superficiais, às vezes agressivos e, até mesmo, falsos.

Cartaz de Théophile Steinlen, 1896.

O cartaz em cartaz

O cartaz surgiu para atender à necessidade de divulgar uma informação de forma ágil e para um público amplo. Tal como é hoje conhecido, o cartaz vem dos fins do século XIX. Nessa época, os produtos industrializados estavam entrando no mercado, a arte tomava novos caminhos, influenciada pelos avanços da impressão gráfica, e grandes pintores eram convidados para criar cartazes. Alguns movimentos artísticos, como o *art nouveau* francês, popularizaram a arte e a tornaram mais utilitarista, o que favoreceu a produção de cartazes de grande qualidade artística. Até os primeiros anos do século XX, muitos artistas europeus se dedicaram a produzir cartazes, sendo o pintor francês Toulouse-Lautrec o mais conhecido deles.

A expansão industrial e os fatos políticos do século XX impulsionaram o uso do cartaz como recurso para a divulgação de produtos, acontecimentos e campanhas. Bons exemplos dessa valorização são os anúncios para recrutamento de tropas criados durante a Primeira Guerra Mundial e os inumeráveis cartazes turísticos e cinematográficos daquela época.

Cartaz do artista Laszlo Gabor.

OFICINA DE CRIAÇÃO

Projeto » Simpósio *Leitura em cartaz*

Nesta unidade, você vai participar com os colegas da organização de um simpósio sobre leitura. O simpósio é um evento no qual os participantes apresentam oralmente seus trabalhos e escrevem artigos que podem ser publicados em uma coletânea impressa ou digital. Para planejar e realizar esse evento, você e os colegas produzirão cartazes, exposições orais e artigos de opinião.

CAPÍTULO

1 A exposição oral

O GÊNERO EM FOCO

Em algumas situações da vida profissional, acadêmica ou social, pode surgir a necessidade de uma pessoa ou um grupo de pessoas falar para um público sobre determinado assunto. Nessas situações, essas pessoas realizam uma **palestra**, uma **exposição oral** ou um **seminário**.

Observe as imagens a seguir, nas quais são mostradas pessoas que falam para uma plateia, dando uma palestra ou fazendo uma exposição oral.

Drazen Zigic/Shutterstock

Maskot/Getty Images

SeventyFour/Shutterstock

Matej Kastelic/Shutterstock

1. Você já assistiu a alguma palestra ou exposição oral?

2. Levante hipóteses: Nas situações retratadas nas imagens, sobre o que as pessoas podem estar falando para a plateia?

3. Em sua opinião, as pessoas que estão apresentando exposições orais nas imagens estudaram o assunto antes de falar ou falam de maneira espontânea?

4. Você já fez uma exposição sobre algum tema para uma plateia? Se sim, qual era o tema?

5. Nas situações mostradas nas imagens, as pessoas utilizam recursos, como telão, lousa e caneta, durante a fala. Para que servem esses recursos?

A **exposição oral**, que pode se dar na forma de palestra, seminário ou apresentação oral, é uma prática em que uma ou mais pessoas, especialista(s) em um assunto, fala(m) para uma plateia. O objetivo dessas falas é, geralmente, divulgar conhecimentos, ideias, experiências, vivências ou iniciativas para um público, que pode ser reduzido ou mais amplo.

As exposições ocorrem em torno de um tema específico e, mesmo sendo orais, não são falas improvisadas, como as que acontecem em uma conversa informal, e por isso requerem estudo e preparação escrita anterior. Podem ser acompanhadas de recursos visuais, como *slides*, preparados para serem projetados, cartazes ou esquemas impressos distribuídos ao público.

O que é TED?

TED é a sigla de Tecnology, Entertainment, Design (em português, Tecnologia, Entretenimento, Planejamento) e designa uma organização sem fins lucrativos criada com o propósito de divulgar "ideias que merecem ser compartilhadas", segundo seus fundadores. A primeira conferência promovida pela organização ocorreu em 1984, na Califórnia. Em uma conferência TED, pessoas de todo o mundo procuram dar o que seria a melhor palestra de suas vidas em 18 minutos ou menos.

O TED conta com um *site* (TED.com), no qual novas palestras são postadas diariamente. Essas palestras, chamadas de *TED talks*, já foram traduzidas em mais de 90 idiomas.

Uma variedade dos TED são os TEDx, como o ocorrido em Blumenau (SC). O TED concede licenças livres para as pessoas ao redor do mundo que desejam organizar eventos no formato TED em suas comunidades. Mais de 5 mil eventos TEDx foram realizados.

(Disponível em: https://www.ted.com/about/our-organization. Acesso em: 20/1/2019.)

Para conhecer melhor o que é uma exposição oral e planejar a sua, vamos assistir a uma que está disponível na internet, intitulada "A literatura como direito humano". Essa exposição oral ocorreu no evento TEDxSãoPaulo e foi feita por Bel Santos Mayer.

1. Considere o título da palestra. Ele atraiu você, ou seja, despertou seu interesse em assistir à palestra?

____

2. A palestrante leu um texto sobre um tema ou falou a respeito dele?

____

3. A palestrante utilizou recursos visuais. O que foi projetado ao longo de sua fala?

____

____

____

____

4. Levante hipóteses: A quem a exposição oral era destinada?

5. Quanto à voz e ao ritmo da fala, responda: A palestrante falou alto ou baixo, rápido ou devagar? Por que, na sua opinião, ela adotou essa maneira de falar?

6. Observe a postura da palestrante. Ela se apresenta de maneira formal ou de maneira descontraída? Como é possível perceber isso?

7. Além da postura física do palestrante, a linguagem utilizada em uma exposição oral pode ser mais formal ou mais descontraída, já que esse gênero trata de assuntos variados e, assim, pode ter diferentes tipos de público. A fala da palestrante foi formal ou foi descontraída? Justifique sua resposta com trechos da fala dela.

8. Uma exposição oral pode ser organizada de diferentes formas, tomando como fio condutor certas estratégias, algumas das quais estão listadas a seguir. Indique quais delas foram utilizadas na exposição oral em estudo.

- [ ] Narrativas de experiências pessoais que ilustram o assunto apresentado.
- [ ] Estudos e pesquisas científicas relacionados ao assunto apresentado.
- [ ] Estatísticas e dados relacionados ao assunto apresentado.
- [ ] Citações de escritores e de pensadores ligados ao assunto apresentado.

9. Leia a seguir o esquema com as etapas mais comuns em uma exposição oral:

1. Abertura: cumprimentos e apresentação da pessoa que vai expor.
2. Introdução: anúncio do tema (o assunto) e explicação de por que ele foi escolhido.
3. Apresentação dos tópicos que serão abordados ao longo da fala.
4. Desenvolvimento do tema, com exemplos, dados retirados de outros textos, citações, etc.
5. Conclusão: breve retomada, com resumo da fala, seguida de fechamento.
6. Encerramento: agradecimentos e abertura para perguntas e comentários da plateia.

Compare o esquema à exposição oral em estudo e responda:

a) Quais dessas etapas estão presentes na fala da palestrante, ainda que com algumas diferenças?

b) A introdução não é feita por meio do anúncio do tema e da explicação do motivo pelo qual ele foi escolhido. Discuta com os colegas e o professor e descreva como foi feita essa introdução.

c) Que fato mencionado pela palestrante no desenvolvimento de sua fala teria sido um marco na vida dela e responsável pela opção de trabalhar com leitura, conforme é relatado na exposição?

10. Na conclusão, a palestrante:

a) retoma qual ideia de sua fala?

b) emprega qual citação para finalizar a fala?

11. Em sua opinião, a palestrante conseguiu convencer o público? Por quê?

12. Com a orientação do professor, junte-se a alguns colegas para resumir as características básicas da exposição oral. Para isso, preencha as lacunas do quadro a seguir:

Exposição oral: construção e recursos expressivos	
Quem são os interlocutores da exposição oral?	
Qual é o objetivo da exposição oral?	
Onde a exposição oral circula?	
Quais temas a exposição oral aborda?	
Como é a estrutura da exposição oral?	
Como se caracteriza a linguagem verbal da exposição oral?	
Como se caracteriza a linguagem não verbal da exposição oral?	

AGORA É A SUA VEZ

Ao final desta unidade, no capítulo **Oficina de Criação**, você e os colegas vão organizar um simpósio, isto é, um evento no qual farão exposições orais sobre alguns tópicos. A seguir, estão duas propostas de produção de apresentações orais.

Proposta 1

Prepare uma apresentação oral na qual você fale sobre o seguinte tema: **Minha história de leitura: o que posso aprender e ensinar com ela?**.

Em sua exposição oral, procure resgatar a história de como você aprendeu a ler, quais são os hábitos de leitura na sua casa, quando você costuma ler, quais são as suas preferências (livros, jornais, revistas, *sites*), em quais suportes (papel, celular, *tablet*) e o que mais julgar relevante contar.

LeManna/Shutterstock

Procure, a partir de suas memórias e reflexões, pensar na importância da leitura em sua vida, o que você já aprendeu e ainda aprende com os textos que lê e o que pode compartilhar ou ensinar sobre sua vivência leitora.

As exposições orais poderão ser uma excelente oportunidade de troca de experiências entre você e seus colegas sobre suas histórias de leitura.

Proposta 2

Com a orientação do professor, reúna-se em grupo e, com os colegas, escolham um dos tópicos a seguir para objeto de pesquisa e posterior exposição oral.

- Preferências de leitura da comunidade escolar. O que os pré-adolescentes (como vocês) gostam de ler e por quê.
- Bibliotecas existentes na cidade e serviços oferecidos por elas à comunidade.
- Conhecendo a biblioteca da escola: que serviços ela já oferece à comunidade escolar e que novos serviços poderiam ser criados?
- A leitura para além dos livros: o que lemos no dia a dia?
- O que é e como organizar um clube de leitura.
- Os novos hábitos de leitura em tempos de internet e redes sociais.
- Ler no papel ou na tela? Vantagens e desvantagens de diferentes formas de leitura.
- Benefícios da leitura literária para nossa saúde mental e para a sociedade.

Vocês também podem sugerir outros temas relacionados à leitura que julguem relevantes. Na escolha dos temas, é importante não haver repetição. Assim, as exposições poderão ser uma rica e interessante fonte de conhecimentos sobre questões que dizem respeito à leitura.

Planejamento do texto

Prepare a sua apresentação oral, seguindo estes passos:

- Definido o tema, considere todas as etapas que envolvem a preparação de uma exposição oral: pesquisa, tomada de notas, seleção e organização de informações, produção de roteiro e esquema.
- Faça uma pesquisa sobre o assunto escolhido, buscando textos e documentos de fontes confiáveis e conversando com pessoas envolvidas na discussão. Tome nota dos pontos mais importantes da pesquisa que você julga poderem fundamentar sua exposição.
- Defina com os colegas e o professor o tempo de cada exposição, incluindo o de perguntas e comentários do público.
- Retome o esquema com as etapas clássicas de uma exposição oral e decida quais etapas pretende seguir em sua exposição e por quê.
- Prepare um roteiro com os principais tópicos a serem abordados em sua fala e organize o conteúdo que você pretende expor em cada um deles, considerando o tempo disponível.
- Planeje e selecione com os colegas o que vão expor por meio de projeção em retroprojetor, cartazes ou folhas a serem distribuídas ao público: imagens, esquemas, citações, gráficos, infográficos, etc.
- Caso faça citações, explicite as fontes de trechos retirados de outros textos.
- Providencie os recursos materiais necessários para a sua exposição: cartazes, retroprojetor, apresentação digital, folhas a serem distribuídas para o público, etc.

SpeedKingz/Shutterstock

O ensaio da apresentação da exposição oral

- Planeje com o grupo o posicionamento de cada integrante no espaço destinado às apresentações. Todos podem ficar em pé ou sentados e, no momento adequado, pode se levantar apenas o expositor da vez.
- Apresente-se e, em seguida, apresente o tema central da exposição oral.

- Na fala, o grupo deve organizar as informações claramente, usando expressões como "**O primeiro** aspecto a destacar..." ou "**Em segundo lugar**...", ou ainda "Se isso **por um lado** é bom, por outro...", e assim por diante.
- Marque a transição da palavra de um integrante do grupo para outro. Ao receber a palavra, deixe clara a ligação entre o que foi falado e o que você vai falar. Para isso, utilize expressões como "Como fulano acabou de mencionar...", "Acabamos de entender tal aspecto e agora vou explicar...", "Para ilustrar o que fulano já apresentou, vou agora apresentar um infográfico...", ou outras que garantam a coesão entre as partes.
- Interaja com os textos de apoio e as imagens apresentadas. Faça comentários e relacione-os com sua fala, apontando para algum detalhe da imagem ou para alguma palavra, dado numérico, etc. Evite apenas ler os textos mecanicamente.
- Se for citar um trecho de um texto de algum especialista, empregue expressões indicativas como "**Segundo fulano**...", "**De acordo com o texto X de fulano**", e assim por diante.
- Finalize agradecendo ao público pela atenção.

focuscolors/Shutterstock

Produção de recursos visuais

kenkuza/Shutterstock

Uma exposição oral pode ter, como suporte escrito e suporte visual, diferentes tipos de recurso: *slides* a serem apresentados por meio de retroprojetor, cartazes e painéis ou ainda esquemas impressos em folhas para distribuição ao público. Seja qual for o suporte, seu objetivo é ajudar a sintetizar os principais pontos desenvolvidos na fala, ilustrar ou exemplificar algum trecho da exposição ou ainda impactar o público. Portanto, não é recomendado colocar um texto longo, em letras pequenas, para você ou o público lerem.

Por isso, ao preparar a exposição, procure selecionar organogramas, imagens, gráficos ou infográficos para esquemas, além de citações breves para o suporte escolhido como material de apoio à fala.

Revisão e reescrita

Assista à filmagem do ensaio, observando:

- se o andamento da exposição ocorre na sequência planejada, que deve conter essencialmente um cumprimento ao público, o anúncio do tema, a introdução, o desenvolvimento do tema, a conclusão e o encerramento;
- se o andamento da exposição flui naturalmente, com o uso de expressões como **Vocês vão ver agora...**, **conforme já mencionado**, a fim de indicar que uma parte tem ligação com outra;
- se as fontes de trechos citados estão devidamente mencionadas;
- se o conteúdo da fala está relacionado de maneira clara com os recursos utilizados (cartazes, *slides*, etc.) e se os apresentadores fazem referência aos elementos que os compõem;
- se a postura, a linguagem e a altura da voz dos apresentadores estão adequadas.
- se o grupo seguiu a duração recomendada para a exposição e se houve distribuição do tempo entre os integrantes.

Realização da exposição oral

As exposições orais serão apresentadas no simpósio organizado por você e seus colegas ao final desta unidade.

O anúncio dos grupos e o controle do tempo de cada exposição e do tempo para perguntas podem ser feitos pelo professor, que, nesse caso, desempenhará o papel de moderador.

Todos na sala devem escutar atentamente as exposições, fazer anotações e contribuir com perguntas e comentários. Cada grupo deve fazer pelo menos uma pergunta sobre alguma das exposições.

Filmem as apresentações e, posteriormente, assistam aos vídeos a fim de avaliar em quais aspectos futuras exposições podem ser aprimoradas.

Courtney Hale/Getty Images

Tomada de notas durante a exposição

É comum que, em seminários, congressos e simpósios, ao final de uma exposição oral, haja um tempo para as perguntas e os comentários do público.

Para participar desse momento, durante a exposição dos outros grupos, você pode fazer anotações sobre o que o apresentador fala, especialmente quando não entender algum ponto ou discordar dele. Você também pode anotar ideias interessantes e fontes para futuras pesquisas, além de elogios.

Vocabulário

Leia estes quadrinhos de Adão Iturrusgarai:

© Adão Iturrusgarai/Acervo do cartunista

(*Folha de S.Paulo*, 18/6/2005.)

1. Além de criar humor, a tira faz sutilmente uma crítica aos hábitos de algumas crianças e adolescentes.

a) Infira: Qual é esse hábito?

____

____

b) Como você chegou a essa conclusão?

____

____

____

c) Que traço de Zezo se pode inferir pelo comentário que faz no último balão?

____

d) O comentário de Zezo frustra os pais? Por quê?

____

____

2. Na linguagem informal do cotidiano, é comum empregarmos certas palavras que apresentam um sentido genérico e servem para diferentes situações. Que outra palavra ou expressão Zezo poderia ter empregado em lugar da palavra **troço**, tornando o sentido do enunciado mais preciso?

3. No terceiro quadrinho, o pai de Zezo pergunta: "O que é aquilo que ele tem na mão?", fazendo uso do pronome demonstrativo **aquilo**, que apresenta um sentido genérico.

a) O que justifica o emprego desse pronome, considerando a situação?

© Adão Iturrusgarai/ Acervo do cartunista

b) Que outra palavra ele poderia ter empregado antes de ver o que Zezo tinha nas mãos?

c) Como ele poderia ter dito a frase, caso soubesse o que Zezo tinha nas mãos?

Quando redigimos, além de procurarmos nos expressar com correção, clareza e concisão, buscamos palavras adequadas para transmitir com precisão o que queremos. Assim, quanto maior for nosso vocabulário, mais precisos podemos ser.

A seguir, há alguns exercícios cuja finalidade é levar você a ampliar (ou treinar) seu vocabulário.

Leia a crônica a seguir, de Dad Squarisi.

Coisa

A palavra coisa é um bombril do idioma. Tem mil e uma utilidades. É aquele tipo de termo-muleta ao qual a gente recorre sempre que nos faltam palavras para exprimir uma ideia. Coisas do português.

A natureza das coisas: gramaticalmente, coisa pode ser substantivo, adjetivo, advérbio. Também pode ser verbo: o Houaiss registra a forma coisificar. E no Nordeste há coisar: *"Ó, seu coisinha, você já coisou aquela coisa que eu mandei você coisar?"*

[...]

Em Minas Gerais, todas as coisas são chamadas de trem. Menos o trem, que lá é chamado de a coisa. A mãe está com a filha na estação, o trem se aproxima e ela diz: "Minha filha, pega os trem que lá vem a coisa".

[...]

Coisa também não tem tamanho. Na boca dos exagerados, coisa nenhuma vira coisíssima. Mas a coisa tem história na MPB. No II Festival da Música Popular Brasileira, em 1966, estava na letra das duas vencedoras: Disparada, de Geraldo Vandré ("Prepare seu coração / Pras coisas que eu vou contar"), e A banda, de Chico Buarque ("Pra ver a banda passar / Cantando coisas de amor") [...].

[...]

Para Maria Bethânia, o diminutivo de coisa é uma questão de quantidade (afinal, "são tantas coisinhas miúdas"). Já para Beth Carvalho, é de carinho e intensidade ("ô coisinha tão bonitinha do pai"). Todas as coisas e eu é título de CD de Gal. "Esse papo já tá qualquer coisa... Já qualquer coisa doida dentro mexe." Essa coisa doida é uma citação da música Qualquer coisa, de Caetano, que canta também: "Alguma coisa está fora da ordem."

Por essas e por outras, é preciso colocar cada coisa no devido lugar. Uma coisa de cada vez, é claro, pois uma coisa é uma coisa; outra coisa é outra coisa. E tal coisa, e coisa e tal. O cheio de coisas é o indivíduo chato, pleno de não me toques. O cheio das coisas, por sua vez, é o sujeito estribado. Gente fina é outra coisa. Para o pobre, a coisa está sempre feia: o salário mínimo não dá pra coisa nenhuma.

A coisa pública não funciona no Brasil. Desde os tempos de Cabral. Político quando está na oposição é uma coisa, mas, quando assume o poder, a coisa muda de figura. Quando se elege, o eleitor pensa: "Agora a coisa vai". Coisa nenhuma! A coisa fica na mesma. Uma coisa é falar; outra é fazer. Coisa feia! O eleitor já está cheio dessas coisas!

Coisa à toa. Se você aceita qualquer coisa, logo se torna um coisa qualquer, um coisa à toa. Numa crítica feroz a esse estado de coisas, no poema "Eu, etiqueta", Drummond radicaliza: "Meu nome novo é coisa. Eu sou a coisa, coisamente." E, no verso do poeta, coisa vira cousa.

Se as pessoas foram feitas para ser amadas e as coisas, para ser usadas, por que então nós amamos tanto as coisas e usamos tanto as pessoas? Bote uma coisa na cabeça: as melhores coisas da vida não são coisas. Há coisas que o dinheiro não compra: paz, saúde, alegria e outras *cositas más*.

[...]

Entendeu o espírito da coisa?

(Disponível em: https://blogs.correiobraziliense.com.br/dad/coisa/. Acesso em: 15/1/2023.)

Filipe Rocha/Acervo da editora

1. A crônica é construída em torno dos usos da palavra **coisa**.

a) De que maneira a autora caracteriza o termo no primeiro parágrafo?

b) Discuta com os colegas e responda: Por que a palavra **coisa** é empregada de tantas maneiras?

c) Troque ideias com os colegas e o professor e cite algumas situações do dia a dia nas quais você costuma empregar essa palavra.

2. Explique por que, ao empregar a palavra **coisa** exaustivamente, a crônica constrói certo efeito de humor.

3. Reescreva as frases a seguir, retiradas da crônica, substituindo a palavra **coisa** e suas variações por termos mais precisos, coerentes com o contexto de uso. Faça os ajustes necessários.

a) Minha filha, pega os trem que lá vem a coisa.

b) "Prepare seu coração / Pras coisas que eu vou contar".

c) "Pra ver a banda passar / Cantando coisas de amor".

d) O [indivíduo] cheio de coisas.

e) O [indivíduo] cheio das coisas.

f) Para o pobre, a coisa está sempre feia: o salário mínimo não dá pra coisa nenhuma.

g) O eleitor já está cheio dessas coisas!

h) Bote uma coisa na cabeça: as melhores coisas da vida não são coisas.

4. Reescreva as frases, substituindo a expressão destacada por um dos verbos que constam no vocabulário:

suscitar	apagar	aproveitar	redimir	considerar
exercer	interromper	impor	aplacar	

Empregue os verbos no tempo e no modo exigidos pelo contexto. Não vale repetir. Veja o exemplo:

O mecânico **fez funcionar** o motor.

O mecânico **acionou** o motor.

Eakrin Rasadonyindee/Shutterstock

a) Todas as nações devem se unir para **fazer cessar** a guerra.

b) O amor entre Romeu e Julieta poderia **fazer cessar** o ódio entre suas famílias.

c) Como condôminos deste edifício, é preciso **fazer valer** nossa vontade.

d) Nós **fizemos valer** o período de férias.

e) Sua amizade **fez nascer** em mim uma grande alegria.

f) E ele se arrependeu de não ter **feito uso de** seus direitos de consumidor.

5. Reescreva as frases, substituindo a palavra destacada por um sinônimo. Se necessário, consulte um dicionário.

a) As crianças sentem-se **seguras** com seus pais.

b) As passagens na estação de metrô são muito **apertadas** para cadeirantes.

c) É **impróprio colar** cartazes nas paredes deste corredor sem autorização.

d) **Certas** pessoas não aceitam que a vida é cheia de **mudanças**.

e) Devido **ao aumento de preços**, vamos ter que **cortar gastos**.

CAPÍTULO

2 O cartaz

O GÊNERO EM FOCO

Leia este cartaz:

1. A seguir estão listadas algumas das possíveis funções de um cartaz. Marque com um X qual(quais) delas pode(m) ser atribuída(s) ao cartaz lido.

- [ ] Divulgar um evento.
- [ ] Divulgar uma data comemorativa.
- [ ] Divulgar uma ideia.
- [ ] Conscientizar os leitores sobre um assunto.
- [ ] Persuadir os leitores a aderir a uma causa.
- [ ] Divulgar uma campanha.
- [ ] Cumprimentar os leitores.
- [ ] Dar dicas ou orientações aos leitores.

2. Observe que diferentes formatos e cores de letras foram utilizados nesse cartaz. Tendo em vista esses formatos e essas cores, responda:

a) Qual é o enunciado principal do cartaz?

____

b) A quem o cartaz se dirige?

____

____

____

c) Em qual cidade ocorreu a campanha?

____

3. Os cartazes geralmente são afixados em lugares públicos, em paredes e murais, ou são publicados em páginas virtuais. Considerando os interlocutores envolvidos no cartaz lido e seu objetivo, onde você acha que ele foi afixado?

____

____

____

4. Relacione as partes verbal e não verbal do cartaz.

a) O desenho principal é uma composição que representa dois objetos. Quais seriam eles?

b) O que representam os pequenos e variados desenhos que saem do espaço aberto pela porta?

5. Há, no cartaz, uma expressão com sentido figurado, isto é, em que as palavras foram usadas com sentido diferente daquele que empregamos ao falar das coisas de forma mais concreta, palpável. Identifique essa expressão e explique qual é esse sentido figurado.

6. Por ser um cartaz de uma campanha que pretende incentivar as pessoas a doar livros e a ler, a linguagem apela diretamente ao leitor. Quais são os verbos utilizados para essa finalidade?

7. No cartaz lido, não há menção às instituições responsáveis pela campanha. Pelo conteúdo do cartaz, quem poderiam ser os responsáveis pela campanha?

Agora, leia estes três cartazes e responda às questões 8 a 11.

I.

Reprodução/Bienal Internacional do Livro Rio

II.

Reprodução/www.livro.dglab.gov.pt

III.

Reprodução/Parque Shopping Maia, Guarulhos

8. Compare esses três cartazes ao que você estudou nas questões anteriores. O que há de semelhante entre todos eles:

a) quanto ao assunto?

____

b) quanto aos tamanhos e às cores das letras utilizadas?

____

c) quanto à presença de imagens?

____

9. Os cartazes II e III, diferentemente do cartaz I e do que você estudou anteriormente, apresentam ícones e logomarcas na parte inferior. O que eles indicam?

10. Os cartazes I e II apresentam em comum a estratégia de associar novos significados à leitura por meio de imagens. Que imagens são empregadas nesses cartazes? Quais sentidos elas ajudam a construir?

11. Quais das funções dos cartazes em geral, apontadas na questão 1, podem ser atribuídas a cada um desses três cartazes?

12. Com a orientação do professor, junte-se a alguns colegas para resumir as características básicas do cartaz. Então, preencha as lacunas do quadro a seguir:

Cartaz: construção e recursos expressivos	
Quem são os interlocutores do cartaz?	
Qual é o objetivo do cartaz?	
Qual é o suporte do cartaz? Onde ele circula?	
Quais temas são abordados no cartaz?	
Como é a estrutura do cartaz?	
Como se caracteriza a linguagem verbal do cartaz?	
Como se caracteriza a linguagem não verbal do cartaz?	

AGORA É A SUA VEZ

Proposta 1

Como você sabe, ao final desta unidade você e seus colegas vão organizar um simpósio no qual, entre outras atividades, apresentarão as exposições orais preparadas por vocês no capítulo anterior. Agora, para divulgar esse evento, vocês devem produzir cartazes convidando outras pessoas, como participantes ou espectadores, dependendo do formato do evento organizado por vocês.

Reúnam-se em grupos e produzam cartazes atraentes, que poderão ser afixados no interior da escola e até mesmo fora dela.

Proposta 2

Como você viu, os cartazes são textos que podem cumprir funções variadas. Entre essas funções está também a de educar ou ensinar as pessoas a agir de forma adequada em determinadas situações. Leia este cartaz:

(Disponível em: http://castanhal.ifpa.edu.br/editoria-i/272-biblioteca-realiza-campanha-de-preservacao-e-conservacao-do-acervo. Acesso em: 13/1/2019.)

Levantamento de problemas

Saber detectar problemas, refletir sobre suas causas e buscar soluções são habilidades extremamente importantes para nossa vida pessoal e profissional.

Para levantar problemas em qualquer situação, siga passos como os seguintes, sempre tomando nota do que julgar relevante ao longo de todo o processo.

- Observe a rotina do lugar.
- Avalie a infraestrutura e a atmosfera social do ambiente.
- Analise documentos, fichas, relatórios relacionados ao contexto.
- Converse com as pessoas envolvidas.
- Atente para comentários, elogios e reclamações sobre a situação em análise.

Por fim, detectados os problemas, procure entender quais são as causas deles, para então começar a pensar em possíveis soluções.

Vá até a biblioteca da escola, converse com o bibliotecário, siga os passos do boxe "Levantamento de problemas" e procure entender que obstáculos essa biblioteca escolar enfrenta.

Detectadas as dificuldades, reúna-se com seus colegas de grupo e, juntos, produzam cartazes que serão afixados nas paredes do recinto a fim de educar e ensinar os frequentadores. Caso nenhum problema aparente seja detectado, troquem ideias sobre problemas comuns que podem vir a ocorrer e ajam para preveni-los. Entre eles, podem estar questões relacionadas à falta de cuidado com o acervo, como no cartaz lido, mas também a:

- excesso de barulho;
- baixa frequência na visitação;
- não devolução de livros emprestados;
- desorganização.

Planejamento do texto

Preparem o cartaz seguindo estes passos:

- Definam o tema e a(s) função(ões) do cartaz.
- Levem em conta o perfil do público: crianças, adolescentes, professores e funcionários da escola.
- Planejem que tipo de imagem vai compor o cartaz: fotografias, desenhos, ilustrações.
- Decidam quem ficará responsável pela parte visual de cada cartaz.
- Decidam quais serão as cores que vão compor os textos, o fundo e as imagens do cartaz.

Filipe Rocha/Acervo da editora

Escrita

- Criem textos curtos e impactantes como enunciado central e pensem em títulos atraentes, que incentivem as pessoas a ler os cartazes.
- Se julgarem essencial, façam um texto explicativo, objetivo e direto, com as informações necessárias.
- Empreguem uma linguagem adequada a esse público.
- Escolham ou produzam as imagens para acompanhar o texto verbal: fotografias, desenhos, ilustrações.
- Pensem em uma disposição do texto verbal, das imagens e do título que torne os cartazes atraentes.

Revisão e reescrita

Antes da finalização dos cartazes, observem se:

Filipe Rocha/Acervo da editora

- o texto verbal é curto e estimulante;
- o título é atraente;
- a linguagem é simples, direta e adequada ao perfil do público;
- a imagem apoia o texto verbal e vice-versa;
- a disposição de texto verbal, imagens e título pode resultar em cartazes convidativos à leitura.

Após realizarem as alterações necessárias, montem os cartazes no suporte final, que pode ser uma folha de cartolina. Lembrem-se de que os enunciados verbais devem estar em letras grandes para que possam ser lidos a certa distância.

Decidam com o professor a melhor forma de divulgar os cartazes. Procurem expô-los em lugares de fácil acesso e de grande circulação de pessoas na escola: proximidades da portaria de entrada, corredores, pátios, murais, biblioteca, etc.

Conversem com o bibliotecário da escola e peçam a ele que ajude a divulgar os cartazes. Lembre-o de que, com o sucesso da divulgação, o simpósio terá um grande público, e a biblioteca será muito mais procurada e bem cuidada pelas pessoas.

DE OLHO NA AGENDA 2030 DA ONU

Educação de qualidade

Reprodução/ONU

A Agenda 2030 é um plano elaborado em 2015, na sede da Organização das Nações Unidas, por líderes de diversos países, que determinaram 17 Objetivos de Desenvolvimento Sustentável (ODS). A proposta da Agenda é tomar esses objetivos como metas a serem colocadas em prática pelo mundo todo, a fim de que a sociedade trilhe um caminho sustentável, buscando a concretização dos direitos humanos, a erradicação da pobreza e a promoção de uma vida digna para todos, com educação, igualdade e consciência ambiental. Um desses 17 objetivos é a **Educação de qualidade**.

A leitura literária, como vimos nos cartazes analisados, muitas vezes é associada a ideias como a imaginação, a empatia, a ampliação de nossa visão de mundo. Mas e a leitura em telas, de conteúdos digitais, *posts* em redes sociais? A leitura de textos breves, combinados com outras linguagens, como a imagem, em navegação nas redes é semelhante à leitura literária para nosso cérebro? Assista ao vídeo da *youtuber* Livia Piccolo no canal Antofágica.

Como o hábito de leitura age no cérebro e pode salvar a humanidade

Agora, organize com os colegas uma roda de conversa sobre a leitura e o vídeo.

1. No início do vídeo, a *youtuber* afirma que não quer opor as mídias digitais à leitura de livros. Contudo, com base nos estudos de Maryanne Wolf, ela diferencia a leitura profunda de outras leituras. Além disso, afirma que, na leitura em telas, há muitas distrações e as sentenças são cada vez menores. Vocês acham que há diferenças entre ler um livro, um romance inteiro, e ler tuítes ou legendas de fotos em redes sociais? Se sim, quais diferenças vocês notam quando leem na tela e quando leem livros físicos?

2. De acordo com o vídeo, a leitura profunda desenvolve empatia — a capacidade de se colocar no lugar do outro e compreendê-lo. A *youtuber* afirma que "ler é se soltar momentaneamente de si próprio e aprender a ser outra pessoa".

a) Vocês concordam que a leitura de livros pode mesmo ajudar a entender e respeitar pessoas diferentes de vocês?

b) Aprender, momentaneamente, a ser outra pessoa pode ser envolvente e divertido. Vocês já tiveram, na leitura de livros, alguma experiência semelhante ao que a *youtuber* descreve, desenvolvendo empatia? Se sim, compartilhem com os colegas.

c) É possível usar a internet e as redes sociais para desenvolver a empatia? Como?

3. Os cartazes lidos neste capítulo constroem metáforas que relacionam a leitura com a possibilidade de imaginar, de voar, de ver além. No vídeo, a *youtuber* afirma que, diferentemente dos filmes e séries, na leitura literária somos cocriadores da obra, porque a maneira como imaginamos um personagem ou um acontecimento varia de leitor para leitor.

a) Vocês concordam com essa ideia de leitura? Comentem.

b) Vocês acham que outras leituras, como as realizadas em telas, também podem promover a imaginação? De que forma?

CAPÍTULO 3

O artigo de opinião

O GÊNERO EM FOCO

Leia o texto a seguir.

Por que o brasileiro lê tão pouco?

Por que ainda hoje não conseguimos criar um grande público leitor em nosso país?

No dia 31 de março desse ano o Jornal da Globo trouxe uma matéria na qual revelava uma assustadora realidade do nosso país: sete a cada dez brasileiros não leram um único livro no ano passado. Isso mesmo, 70% da população do nosso país simplesmente não abriu um único volume que fosse para folheá-lo. [...]

[...]

Na matéria [...], os principais motivos apontados para esses baixos números são causados devido aos altos valores dos livros e à crise econômica que assola a nação.

Mas será que é esse o fato de termos um público leitor tão baixo? Por que o brasileiro lê tão pouco?

Uma possibilidade de resposta surge, a meu ver, no próprio vídeo. Aos quarenta e cinco segundos da matéria, surge um homem sendo entrevistado. Perguntado por que não leu um único livro no ano passado, sua resposta foi "porque deixei passar". Ele afirma que não foi por falta de interesse, mas simplesmente "deixou passar".

Uma verdade que pode parecer grosseira, e talvez seja em um primeiro momento, pode ser a causa desse mal nacional: a preguiça, pura e simplesmente a preguiça que toma conta da nossa gente. Aqui não faço distinção de credo, raça, cor, classe social e nível de escolaridade, pois todos, dos homens **pompudos** de terno que se orgulham de pôr nos seus currículos os **MBAs** aos mais simples cidadãos, passando inclusive por muitos professores, até os de literatura, do Brasil não gostam de abrir um livro. [...] Nas escolas públicas há hoje o Plano Nacional do Livro e da Leitura, o qual faz com que caixas e mais caixas cheguem às escolas com livros bonitos e prazerosos. Estes, infelizmente, continuam a amargar a solidão das próprias caixas ou a das prateleiras de uma biblioteca esquecida.

E por que isso acontece ainda hoje em nosso país?

Não podemos culpar completamente os valores excessivos dos livros, uma vez que nas grandes, médias e pequenas cidades, por piores que sejam, há as antigas e boas bibliotecas públicas. Uma rápida pesquisa com os bibliotecários mostrará que o trabalho deles é ocioso pela falta de público.

Não podemos também culpar por completo a internet & Cia, pois eles abrem a possibilidade da leitura de livros em novos formatos nas mais variadas plataformas (computador pessoal, notebook, celular, tablet, kindle etc.). Se há uma revolução que a internet fez foi possibilitar, junto com o arquivo pdf,

Biry Sarkis/Acervo da editora

uma **proliferação** nunca antes vista na história da humanidade de acesso à informação — inclusive àquela dos livros. Se quisermos, em menos de cinco minutos, podemos ter toda obra de Shakespeare, Machado de Assis, Platão, Montaigne (a lista poderia se estender com muitos nomes). Ela, isso sim, permitiu que pessoas já dadas ao hábito da leitura tivessem acesso e experimentassem novas possibilidades de leitura.

Biry Sarkis/Acervo da editora

[...]

Mas será mesmo a preguiça a causadora desse fenômeno? Eu afirmo que sim e explico por quê.

Ao falar de preguiça, não estou usando o sentido clássico de **ócio** ou vadiagem. Ao retomar ao homem do vídeo citado antes, digo que a preguiça do brasileiro nasce de um emaranhado de problemas a reforçar falsas ideias. A primeira delas é a de que ler é difícil. Isso se dá, em grande parte, por não haver um grande público leitor. No Brasil, país que no século XXI ainda luta com o dragão do analfabetismo, aqueles que dominam a linguagem escrita e a têm há pelo menos três gerações na família são muito poucos. Um dos melhores meios de se criar e instigar o hábito da leitura é a sala da própria casa. Não tendo esse hábito no cotidiano, tem-se que *importá-lo* de outros meios. O caso é que, antes mesmo que os mais jovens tentem fazê-lo, os mais velhos, quer por ignorância ou por resquícios de um tempo em que apenas doutores de anel liam, desencorajam seus filhos e netos da empreitada de ler um volume inteiro. "É difícil demais, você não vai conseguir." "Tentar para quê? Vai cansar no meio e deixar o coitado rolando." Esse problema, que é real, advém de outro, um segundo que é possivelmente o pior de todos: a falta de sentido de ler.

Não foram poucas as vezes que ouvi, vi e li o seguinte argumento contra a leitura, em especial de literatura: Tudo bem, eu vou ler esse livro, mas o que faço com ele depois? Em que vou usar essa história? Se fosse ao menos um livro de ciências, quem sabe... O autor dessa frase não está interessado naquilo que a literatura, mais do que qualquer outra arte ou tipo de texto, pode proporcionar-lhe: a arte de viver outra vida sem sair da sua. [...] Italo Calvino aponta em *Seis propostas para o novo milênio* que a função última da literatura é essa, proporcionar vivências que no geral não teríamos por essa ou aquela circunstância. Esse **utilitarismo** boboca, de cunho **insipiente** e imediatista não nota, ou nega para si, que não vivemos apenas os próximos cinco minutos, a próxima semana ou mês. Estes que argumentam "que farei com esse livro?" não compreendem que o acúmulo de experiências lidas pode agregar ao seu cotidiano e à sua profissão em vários níveis: na forma como lidamos com nossos colegas, em como resolvemos os problemas que surgem no nosso trabalho, em como integrar um grupo de empregados para determinado fim, na forma como podemos criar algo novo graças a um detalhe bobo que lemos.

[...]

Poderia discorrer sobre outras tantas **mazelas** que reforçam o fato, mas seria apenas me repetir. Enquanto não mostrarmos aos 70% de não leitores as maravilhas que [existem] para além da preguiça criada pelos fatos supracitados (e por outros tantos que se podem imaginar), seremos vistos como uma nação que cultua a educação e exige um ensino de qualidade, mas que sempre se manterá distante de um dos melhores e mais divertidos objetos dessa revolução: o livro.

(José Figueiredo. Disponível em: https://homoliteratus.com/por-que-o-brasileiro-le-tao-pouco/. Acesso em: 25/1/2023.)

insipiente: imprudente, insensato, ignorante.

mazela: falha, moléstia, ferida.

MBA: sigla originária do inglês (*Master in Business Administration*), equivalente em português a Mestre em Administração de Negócios.

ócio: folga, moleza, falta de ocupação.

pompudo: cheio de pompa, isto é, de luxo ou ostentação.

proliferação: reprodução, aumento, multiplicação.

utilitarismo: princípio de que tudo que se faz deve ter uma utilidade.

Quem é?

José Figueiredo

José Figueiredo é editor-chefe do *site Homo Literatus*, *podcaster* e mestrando em Teoria da Literatura na UFRGS, em Porto Alegre (RS).

É também autor do livro *Há um tubarão na piscina*, publicado em 2018 pela editora Nocaute.

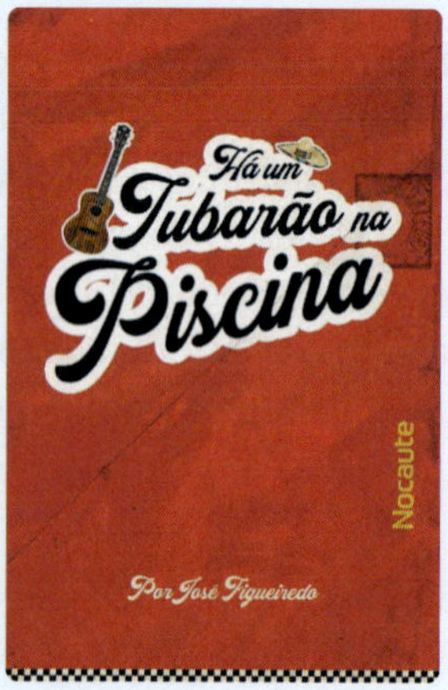

Reprodução/Editora Nocaute

1. O artigo foi publicado no *blog* homoliteratus.com. Levante hipóteses:

a) Quais são os assuntos tratados nesse *blog*?

b) Qual é o perfil dos leitores desse *blog*?

2. O artigo lido foi motivado por uma notícia veiculada em um jornal televisivo.

a) Qual é a notícia?

b) Em sua opinião, essa notícia é alarmante? Por quê?

c) De que modo o jornal explica o fato noticiado?

3. O autor do artigo discorda da causa apontada pelo jornal sobre o fato noticiado e formula sua própria **tese**, isto é, a ideia principal que pretende desenvolver.

a) Qual é a tese que o autor do artigo defende?

b) O autor acredita que esse comportamento dos brasileiros está restrito a algum grupo social? Justifique sua resposta com um trecho do texto.

4. Depois de apresentada a tese, o artigo de opinião costuma reunir, em seu **desenvolvimento**, um conjunto de argumentos ou contra-argumentos que fundamentem a tese.

a) De que forma o autor rebate o argumento apresentado pelo jornal televisivo de que o brasileiro não lê por causa dos altos preços dos livros?

b) Embora o jornal televisivo não cite, o autor do artigo também rebate outro argumento normalmente apresentado nessa discussão: o de que a "internet & Cia" atrapalha a leitura. Para ele, a tecnologia atrapalha ou ajuda a leitura? Por quê?

c) Para o autor, a preguiça de ler tem como causa a difusão de falsas ideias sobre leitura. Segundo o texto, quais são essas ideias falsas sobre leitura?

5. Para combater a visão utilitarista dos brasileiros sobre leitura, o autor apresenta alguns argumentos.

a) Para ele, qual é o grande benefício que a leitura traz para os leitores?

b) De que forma esse benefício se manifesta na vida profissional?

A força dos argumentos

Ao produzimos um artigo de opinião, temos o objetivo de **convencer** os nossos interlocutores. Para isso, precisamos fundamentar nosso ponto de vista com bons argumentos, isto é, com motivos, razões e explicações que o esclareçam e o justifiquem. E, quanto mais polêmico é o tema, mais precisamos nos esforçar para construir uma argumentação clara e consistente.

6. Os textos argumentativos normalmente apresentam no(s) último(s) parágrafo(s) uma **conclusão**, que pode confirmar a ideia principal do texto, a tese, ou propor uma saída ou solução para o assunto em discussão. Releia o último parágrafo do artigo. Que tipo de conclusão ele apresenta?

7. Nos artigos de opinião, a linguagem empregada geralmente é direta e clara, utilizada em uma variedade urbana de prestígio, próxima à norma-padrão. Às vezes, dependendo do veículo de comunicação e do perfil do público que o autor pretende atingir, a variedade linguística pode ser menos ou mais formal. Observe a linguagem do texto lido.

Biry Sarkis/Acervo da editora

a) Ela está de acordo com a norma-padrão ou foi empregada uma variedade linguística exclusiva de algum grupo social?

____

____

____

b) A linguagem é predominantemente formal ou informal?

____

____

c) O tipo de linguagem está adequado ao suporte e ao perfil dos leitores? Por quê?

____

____

____

8. Com a orientação do professor, junte-se a alguns colegas para resumir as características básicas do artigo de opinião. Então, preencha as lacunas do quadro a seguir:

Artigo de opinião: construção e recursos expressivos	
Quem são os interlocutores do artigo de opinião?	
Qual é o objetivo do artigo de opinião?	
Onde o artigo de opinião circula?	
Quais temas são abordados no artigo de opinião?	
Como é a estrutura do artigo de opinião?	
Como se caracteriza a linguagem do artigo de opinião?	

AGORA É A SUA VEZ

Ao final desta unidade, você e seus colegas vão participar de um simpósio sobre leitura. Para fazer parte desse evento, você vai precisar escrever também artigos de opinião.

A seguir, há um painel de textos sobre o tema **leitura**. Leia-o e depois participe de uma discussão com a turma, a fim de reunir outras informações e conhecer outros pontos de vista sobre o assunto e preparar-se melhor para também escrever seu artigo de opinião.

Texto 1

Sobre letras e livros

Entre a comida na mesa e as obras na estante, temos fome de tudo!

Flávia Martins de Carvalho

Juíza de Direito no Tribunal de Justiça do Estado de São Paulo (TJ-SP), doutoranda em filosofia do direito (USP) e diretora de Promoção da Igualdade Racial da Associação dos Magistrados Brasileiros (AMB)

13.abr.2021

Sempre fui apaixonada por livros. Na infância, tinha um único livro, presente da minha madrinha: "O Cãozinho Jolie", lido e relido tantas vezes que até hoje posso contar a história como se tivesse Jolie em minhas mãos. De família humilde, de fato, a compra de livros não era propriamente a prioridade do orçamento, embora meus pais tivessem plena consciência da importância que os livros tinham no meu processo de formação. Mas, entre ler e comer, não havia alternativa.

Mais tarde, aos 11 anos, cursando a antiga sexta série em uma escola particular, a diretora prometeu que o melhor aluno daquele ano ganharia um livro: "O Pequeno Príncipe". Eu, que costumava obter bons resultados, resolvi empenhar-me ainda mais para conseguir o prêmio, com o qual sonhei por meses. Ao final do ano, a diretora teve problemas de saúde, ficou afastada e ninguém levou o livro. Quanta frustração!

No ano seguinte, fui para a escola pública, pois as coisas estavam tão difíceis que, no último ano da antiga escola, cheguei a fazer trabalho escolar em "papel de pipa", o mais barato da papelaria, por absoluta impossibilidade financeira para comprar uma folha de cartolina ou papel pardo, os mais usados nesse tipo de atividade. Aliás, parda é também a cor registrada na minha certidão de nascimento, o que certamente não é uma coincidência.

Certo é que a escassez de recursos financeiros sempre dificultou meu acesso aos livros, mas não impediu que eu os quisesse ler. Li, li muito, li em todas as oportunidades que tive. Talvez essa seja a palavra-chave: oportunidade, que não é dada a todos da mesma forma em um país tão desigual quanto o nosso.

Hoje, como juíza de direito, posso adquirir muitos livros, e é o que faço com certa regularidade — tanta que me analiso periodicamente para entender se não há ali uma certa compulsão decorrente dos fantasmas do passado. Quem não os têm?!

Entretanto, a possibilidade financeira, conquistada à custa de muito esforço, não tira o meu pé da realidade vivida por boa parte da população do país — uma realidade de privação e de restrições de acesso à leitura.

Em um país onde cerca de 19 milhões de pessoas passam fome, vale lembrar a letra da música eternizada pelos Titãs: "A gente não quer só comida. A gente quer comida, diversão e arte".

Não poder ler não significa, por óbvio, não querer ler. Mas, entre a comida na mesa e o livro na estante, temos fome de tudo!

(Disponível em: https://www1.folha.uol.com.br/opiniao/2021/04/sobre-letras-e-livros.shtml. Acesso em: 15/1/2023.)

Texto 2

Texto 3

O que ocorre em nosso cérebro ao ler um romance

Mergulhar, como costumamos fazer nas férias, em uma obra de ficção causa prazer, empatia... e a experiência neuronal de 'fazer' o que estamos lendo

[...]

Por que lemos romances? Como entender o apego que nos causam?

Estamos constantemente aprendendo a ler, a compreensão e o prazer da leitura são um processo de aprendizagem por toda a vida. Em seu artigo "Livros que me influenciaram", publicado no The British Weekly em 1887, Robert Louis Stevenson, autor de *A Ilha do Tesouro*, diz que os livros mais decisivos e de influência mais duradoura são os romances, porque "não impõem ao leitor um dogma que mais tarde se revela inexato, nem lhe ensinam nenhuma lição que depois deva ser desaprendida. Eles repetem, reestruturam, esclarecem as lições da vida; separam-nos de nós mesmos, obrigando-nos a nos familiarizar com o nosso próximo; e mostram a trama da experiência, não como aparece diante dos nossos olhos, mas singularmente transformada, toda vez que nosso ego monstruoso e voraz é momentaneamente suprimido".

Além de ser fonte de prazer, a ficção permite ao leitor simular e aprender com a experiência ficcional. Segundo Keith Oatley, professor de Psicologia da Universidade de Toronto e especialista na psicologia da ficção, um dos usos da simulação é que, para aprender a pilotar um avião, é útil passar um tempo em um simulador de voo. Apesar de ser essencial a prática em um avião real, na maior parte do tempo não acontece muita coisa no ar. Já no ambiente seguro de um simulador, é possível enfrentar uma ampla gama de experiências e ensaiar como responder a situações críticas – e as habilidades aprendidas são transferidas ao pilotar um avião. Da mesma forma, quando nos envolvemos nas simulações da ficção, o que aprendemos é transferido para nossas interações cotidianas.

GoodStudio/Shutterstock

A pesquisa de Oatley confirma o que Stevenson disse: ao compartilhar indiretamente as sutilezas e atribulações da história, e ao fazer inferências sobre o desenvolvimento da trama, o leitor expande sua empatia. Ou seja, alinhamos nossas emoções e pensamentos com os dos personagens. Com imagens de ressonância magnética funcional, comprovou-se que quando as pessoas leem trechos que descrevem uma ação, como "subindo as escadas", a leitura leva à simulação do conteúdo motor e emocional no cérebro, acompanhada por mudanças nas regiões cerebrais que provocam a ação, como se o leitor a estivesse realizando.

[...]

Como se deve ler um livro? Qual é a forma correta de fazer isso? São muitas e muito variadas. "Para ler bem um livro, você deve lê-lo como se o estivesse escrevendo. Comece não se sentando ao lado dos juízes, fique de pé ao lado do acusado. Seja seu colega de trabalho, transforme-se em seu cúmplice", recomenda Virginia Woolf em uma conferência dada em 1926 para alunas de uma escola em Kent. "Cada um pode pensar o que quiser a respeito da leitura, mas ninguém vai impor leis sobre isso. Aqui, nesta sala, entre livros, mais do que em qualquer outro lugar, respiramos um ar de liberdade. Aqui, simples e doutos, o homem e a mulher são iguais. Porque, embora a leitura pareça coisa simples – uma mera questão de conhecer o alfabeto –, ela na verdade é tão complexa que é duvidoso que alguém saiba o que realmente é."

David Dorenbaum *é psiquiatra e psicanalista.*

(Disponível em: https://brasil.elpais.com/eps/2021-08-20/o-que-ocorre-em-nosso-cerebro-ao-ler-um-romance.html. Acesso em: 6/3/2023.)

Discutindo o tema com a turma

Participe de uma roda de discussão com a turma, abordando as questões a seguir ou outras relacionadas com o tema leitura que vocês queiram incluir. Durante a discussão, anote no caderno as principais ideias, argumentos e contra-argumentos que surgirem. Essas anotações serão importantes para você produzir seu texto.

- Os pré-adolescentes e adolescentes de hoje se interessam por leitura? Se sim, o que leem?
- A leitura é importante para a formação de crianças e adolescentes? Por quê?
- O que pode ser feito para que crianças e adolescentes leiam mais?
- Ler literatura é um privilégio ou um direito de todos?
- A tecnologia — isto é, a internet e o uso de suportes como *smartphones*, *tablets* e computadores — pode ser uma aliada da leitura? Se sim, como?

Produzindo o artigo de opinião

Escolha um dos temas discutidos pela turma e desenvolva-o em um artigo de opinião, levando em conta as orientações que seguem.

Planejamento do texto

- Pense qual é sua tese, ou seja, o posicionamento que você vai defender sobre o tema proposto.
- Retome os textos lidos nesta unidade e suas anotações feitas durante a roda de discussão com a turma e selecione dois ou três argumentos que sustentem sua tese.
- Pesquise dados estatísticos, exemplos e citações que possam ajudar na construção de seus argumentos.

Escrita

- Apresente seu ponto de vista — sua tese ou ideia principal sobre o tema — no parágrafo de abertura do artigo.
- Desenvolva sua tese com dois ou três parágrafos. Em cada um deles, você pode apresentar um argumento. Nos argumentos, pode citar exemplos, fazer comparações, indicar causas e consequências, citar o pensamento de outra pessoa ou notícias publicadas em revistas e jornais, etc.
- Crie um parágrafo para concluir o texto. Nele, você pode confirmar o ponto de vista que apresentou inicialmente, fazer uma síntese das ideias ou fazer uma proposta ou sugestão.
- Procure adequar a linguagem do seu texto ao perfil dos leitores que pretende atingir e ao suporte em que ele vai ser veiculado.
- Dê ao texto um título que desperte a curiosidade do leitor.
- Lembre-se de que o artigo de opinião tem uma linguagem objetiva, em uma variedade próxima à norma-padrão.
- Se digitar o texto, formate-o em colunas.

Revisão e reescrita

Antes de fazer a versão final do seu texto, releia-o, observando se:

- você se posiciona claramente sobre o tema no início do texto;
- o texto apresenta uma ideia principal que resume seu ponto de vista;
- a ideia principal é fundamentada com argumentos claros e consistentes;
- os argumentos são bem desenvolvidos;
- a conclusão retoma ou confirma o ponto de vista defendido, ou se apresenta uma proposta;
- o título dado ao texto é atraente e coerente com as ideias desenvolvidas;
- o texto como um todo é capaz de convencer o leitor;
- a linguagem está de acordo com uma variedade próxima à norma-padrão da língua e com um grau de formalidade adequado ao público-alvo;
- a autoria das citações diretas está devidamente identificada.

Passe seu texto a limpo e guarde-o para o dia do simpósio da turma, a ser realizado na **Oficina de Criação.**

Leia a tira e a anedota a seguir para responder às questões:

Fernando Gonsales/Acervo do cartunista

(Fernando Gonsales. Níquel Náusea. *Folha de S.Paulo*, 19/7/2022.)

Joãozinho (sempre ele!) entrou na sala de aula correndo. Ele parecia um tanto preocupado:

— Professora! Professora!

— Calma, Joãozinho — respondeu a professora. — O que houve?

— Professora, alguém pode ser culpado por uma coisa que não fez?

— É claro que não, meu querido.

— Ufa! É que eu não fiz a lição de casa...

(Gabriel Barazal. *Piadas para rachar o bico*. v. 1. São Paulo: Fundamento, 2010. p. 36.)

1. Na tira, dois ratos conversam.

a) Pela fala do primeiro ratinho, no primeiro balão, qual é a intenção dele ao iniciar a conversa?

____

____

____

____

b) O que o primeiro ratinho faz no segundo e no terceiro quadrinhos? Que verbos ele utiliza para essa finalidade?

____

____

____

____

2. O segundo ratinho dá a mesma resposta nos três primeiros quadrinhos.

a) Que resposta é essa?

____

b) Qual é a posição do corpo do segundo ratinho nos quatro primeiros quadrinhos?

____

____

c) O que a resposta e a posição do corpo do segundo ratinho demonstram sobre seu interesse no jogo proposto pelo amigo?

____

____

____

3. É possível considerar que há, no último quadrinho, duas quebras de expectativa que contribuem para a produção do humor da tira. Troque ideias com os colegas e o professor e, considerando suas respostas às questões anteriores, conclua: Quais são as expectativas quebradas?

____

____

____

____

____

4. No último quadrinho, o primeiro ratinho utiliza a expressão **nem sequer**.

a) Leia a fala do primeiro ratinho sem a palavra **nem**. Depois, leia sem a palavra **sequer**. A fala continua tendo sentido com essas alterações?

____

____

____

b) Troque ideias com os colegas e o professor: No contexto da tira, qual efeito de sentido é construído pelo emprego dessas duas palavras juntas na expressão **nem sequer**?

____

____

____

5. No segundo quadrinho, o primeiro ratinho emprega uma palavra que indica a ordem das ações que o outro ratinho deveria tomar. Qual é essa palavra?

6. Na anedota, Joãozinho faz uma pergunta para a professora que precisa ser lida de duas maneiras diferentes para que se construa o humor da anedota e ela faça sentido. Tendo em vista essas duas leituras possíveis:

a) reescreva a pergunta da forma como Joãozinho a interpretou.

b) reescreva a pergunta da forma como a professora a interpretou.

7. Considere o que Joãozinho diz na última fala da anedota. Conclua: Joãozinho tinha razão de estar preocupado no início da anedota? Por quê?

8. Na anedota, foram empregados sinais de pontuação que contribuem para a construção de sentidos do texto.

a) Que sinais de pontuação diferenciam as falas dos personagens da fala do narrador?

Filipe Rocha/Acervo da editora

b) Explique a função dos pontos de exclamação nas falas inicial e final de Joãozinho.

c) Explique o sentido da expressão **sempre ele!** no contexto. Levante hipóteses: Por que ela foi escrita entre parênteses?

9. Na anedota, Joãozinho age de forma engenhosa para driblar a professora. Tendo em vista suas respostas às questões anteriores, deduza:

a) O que ele tentou evitar?

b) Que estratégia o garoto utilizou para isso?

Todo o estudo de compreensão realizado anteriormente, com base na leitura da tira e da anedota, permitiu que você percebesse a conexão entre as ideias de cada um desses textos. Ao realizar o estudo, você notou que há palavras, expressões e sinais de pontuação que foram empregados estrategicamente pelos autores, a fim de contribuir para a construção de sentidos desses textos.

Na tira, o tipo de verbo (no modo imperativo) e as orientações dadas mostram a intenção do primeiro ratinho em realizar um jogo de adivinhação com seu amigo, que, pela resposta repetitiva e desinteressada, demonstra não querer participar da brincadeira. Você viu que a palavra *agora* dá sequência às ações mentais do jogo proposto pelo primeiro ratinho, e que a expressão **nem sequer** nega, de forma enfática, o sentido do verbo *pensar*.

Você viu, na leitura da anedota, que uma mesma frase pode ter sentidos diferentes, dependendo da forma como os interlocutores a interpretam. Você também notou que os sinais dois-pontos e travessão diferenciam as falas dos personagens da voz do narrador, e o ponto de exclamação contribui para reforçar os sentimentos do personagem Joãozinho. Percebeu, ainda, na anedota, que o comentário do narrador entre parênteses situa a narrativa em um contexto específico e permite ao leitor já familiarizado com esse contexto levantar hipóteses sobre o comportamento dos personagens.

É importante que todo texto apresente coerência, isto é, que suas partes estejam relacionadas logicamente entre si. Os elementos linguísticos que contribuem para fazer essa conexão lógica, por sua vez, são os responsáveis pela coesão dos textos. Assim, concluímos que:

Coerência textual são as conexões de ideias que conferem sentido a um texto.

Coesão textual são as conexões gramaticais existentes entre palavras, frases, parágrafos e partes maiores de um texto.

Para sabermos se um texto é coeso e coerente, é necessário considerar vários aspectos da situação: quem produziu o texto, para quem, qual é o gênero textual, qual é a finalidade do texto e qual é o suporte, entre outros.

EXERCÍCIOS

1. Leia o texto a seguir e complete-o com palavras ou expressões apresentadas no quadro:

para	e	mas	a	segundo
isso	graças a(à)	ou seja	que	quem

Ao selecionar cada palavra ou expressão, escolha a que confere coerência e coesão ao texto. É possível repetir uma palavra ou expressão do quadro ao longo do texto.

A leitura é alternativa de diversão __________ relaxamento para muita gente, __________ o que poucos sabem é que existem diversos motivos científicos para amar os livros. A **GALILEU** listou oito deles __________ te incentivar a ler ainda mais.

Crescer cercado por livros te dá mais chances de se dar bem na vida adulta

Stokkete/Shutterstock

__________________ estudo realizado pela Universidade de Pádua, na Itália, as crianças __________ crescem cercadas por livros têm mais chances de ter sucesso na vida adulta. Economistas notaram que os jovens que têm livros que não façam parte das leituras obrigatórias da escola, ____________, que leem por prazer, tinham salários 21% melhores. Para os especialistas, ____________ se deve ao fato de que essas pessoas têm mais chances de aprender sobre a vida e o universo, adquirindo novas experiências. [...]

Livros de ficção nos ensinam a ser mais humanos

Estudo da New School de Nova York mostra que ____________ lê ficção tem mais chances de ter maior capacidade de compreender ____________ outras pessoas carregam crenças e desejos diferentes dos seus, ____________, ter mais empatia. "Entender o estado mental de outras pessoas é uma habilidade importante no aspecto social e faz parte de qualquer sociedade humana", afirma o estudo. [...]

Ao ler, sua criatividade é fortalecida

Pesquisadores da Universidade de Toronto, no Canadá, descobriram que pessoas que leem ficção têm mais tendência ________ aceitar pensamentos ambíguos e passam ________ entender diferentes aspectos de um mesmo assunto. ____________ significa que, ____________ leitura, é mais fácil encontrar alternativas diferentes no dia a dia.

(Giuliana Viggiano. 8 motivos científicos que provam que ler faz bem para você. *Galileu*, 20/6/2017.)

2. Leia esta frase:

O Flamengo começou a partida na pequena área adversária com seus principais jogadores adiantados onde ocorreria o erro no passe que resultou no gol do Botafogo.

a) Há, na frase, um problema de coesão textual, que resulta em falta de coerência. Identifique o problema.

____

____

____

____

b) Reescreva a frase de modo que ela fique clara e coerente.

____

____

____

____

A repetição desnecessária e excessiva de palavras prejudica a coesão de um texto. Uma forma de evitar esse problema é substituir as palavras ou expressões repetidas por pronomes pessoais. Observe:

> Eu estava tomando conta do cachorro da minha tia.
>
> Um dia, eu precisava sair e não tinha com quem deixá-**lo**.

Nesse texto, o pronome **lo** substitui a expressão **o cachorro da minha tia**, tornando o texto mais enxuto e sem repetições.

3. O texto a seguir foi propositalmente adaptado para este exercício. A fim de evitar repetições, reescreva-o substituindo por pronomes os termos destacados.

Declaração de amor

Esta é uma declaração de amor: amo a língua portuguesa. **A língua portuguesa** não é fácil. **A língua portuguesa** não é maleável. [...] **A língua portuguesa** é um verdadeiro desafio para quem escreve. [...]

Às vezes, **a língua portuguesa** reage diante de um pensamento mais complicado. Às vezes **a língua portuguesa** se assusta com o imprevisível de uma frase. Eu gosto de manejar **a língua portuguesa** – como gostava de estar montada num cavalo e guiar **o cavalo** pelas rédeas, às vezes lentamente, às vezes a galope.

(Adaptado de Clarice Lispector. Declaração de amor. *In*: *Crônicas para jovens. De escrita e vida*. Rio de Janeiro: Rocco, 2010. p. 19.)

4. Leia o texto abaixo:

MoonRock/Shutterstock

Discuta com os colegas e o professor e crie pelo menos um contexto no qual esse conjunto de palavras escritas em uma folha de papel componha um texto coeso e coerente. Leve em conta quem escreve, para quem, em qual situação e com que finalidade.

Projeto » Simpósio *Leitura em cartaz*

Zamrznuti tonovi/Shutterstock

Nesta unidade, você falou e escreveu sobre sua história de leitura, conheceu melhor a biblioteca da escola, planejou exposições orais e produziu artigos de opinião sobre o tema leitura. Agora chegou a hora de apresentar esses trabalhos em um simpósio.

No simpósio, você e os colegas vão apresentar as exposições orais que prepararam e ensaiaram, expor os cartazes informativos feitos para a biblioteca e montar uma publicação com os artigos de opinião que escreveram.

É importante que o dia do simpósio tenha sido previamente combinado com o professor e devidamente divulgado a familiares, amigos, colegas de outras turmas, professores e funcionários.

1. Organizando a apresentação das exposições orais

- Elaborem, com o professor, um cronograma de apresentações orais. Vocês podem montar sessões que reúnam de 3 a 4 apresentações, após as quais o público poderá fazer perguntas e comentários aos apresentadores.
- Nomeiem um aluno como mediador da turma. Ele vai marcar corretamente o tempo de cada fala e conduzir o diálogo no tempo ideal destinado a ele.
- Procurem dividir as apresentações de acordo com temas afins. Vocês podem distribuir algumas sessões em salas diferentes para que elas ocorram simultaneamente, mas evitem colocar todas ao mesmo tempo para que os colegas possam assistir às outras apresentações.
- Quando forem espectadores, lembrem-se de tomar notas e fazer perguntas ou comentários em relação às falas dos colegas no tempo final destinado a isso.

Filipe Rocha/Acervo da editora

2. Divulgando o evento

- Com o cronograma pronto, divulguem o evento e sua programação na escola e para as famílias.
- Vocês podem produzir novos cartazes de divulgação do evento, convites digitais a serem enviados por mensagem de celular, ou ainda vídeos e áudios chamando as pessoas para o evento. Não se esqueçam das informações mais importantes: data, local, horário e destaques da programação do simpósio.

3. Cantinho da leitura

No dia da mostra, ofereçam aos visitantes um cantinho de leitura. Disponibilizem os artigos de opinião da forma como eles foram organizados e, se quiserem, deixem também sobre mesas ou carteiras outros materiais para leitura: jornais, revistas e muitos livros de diferentes tipos para atender a interesses variados do público.

Coloquem cadeiras ou almofadas e tapete.

Convidem as pessoas para conhecer o cantinho de leitura e fazer as pausas entre as exposições orais, descansando, lendo, ouvindo.

4. Reunindo os artigos de opinião

Reúnam os artigos de opinião sobre leitura produzidos por vocês e decidam a melhor forma de divulgá-los ao público do evento: vocês podem montar um ou mais jornais a serem impressos e distribuídos, um número especial de revista com uma quantidade maior de artigos compilados; podem expô-los em murais ou outra opção que julgarem mais conveniente.

5. A leitura em cartaz

Afixem os cartazes feitos por vocês com base no levantamento de problemas enfrentados pela biblioteca e montem um espaço de conscientização leitora, a fim de que os visitantes e os participantes atentem para o cuidado com os livros, a importância da leitura e das bibliotecas, entre outras questões que vocês tenham abordado em seus cartazes.

6. O grande dia

Recebendo o público

- Organizem-se de modo que haja alunos da turma nos diferentes espaços do simpósio para apresentar aos interessados os materiais disponíveis. Conversem com os visitantes sobre os cartazes e os artigos de opinião e expliquem quais foram as motivações para sua produção.
- Nos horários das exposições orais, direcionem o público para se sentar e aguardar o início das falas.

Registrando o evento

- Alguns alunos podem ficar responsáveis por tirar fotografias e/ou filmar o evento. Façam registros de todas as exposições orais.
- Depois, vocês podem editar o material em um vídeo curto, com os melhores momentos, e divulgar à comunidade escolar por meio de aplicativos de mensagem.

7. Divulgando conhecimentos

Com as filmagens das exposições orais, criem um vídeo, com o objetivo de divulgar os conhecimentos por meio das exposições orais realizadas no simpósio da turma, assim como é feito na plataforma TED, conhecida por vocês no capítulo 1 desta unidade. Verifiquem a qualidade do áudio e a da imagem e editem as gravações antes de divulgar os vídeos.

Bibliografia

ANTUNES, Irandé. Avaliação da produção textual no ensino médio. *In*: BUNZEN, C.; MENDONÇA, M. *Português no ensino médio e formação do professor*. São Paulo: Parábola, 2006.

ARAÚJO, Júlio César (org.). *Internet e ensino*: novos gêneros, outros desafios. Rio de Janeiro: Lucerna, 2007.

BAGNO, M. *Sete erros aos quatro ventos*: a variação linguística no ensino de português. São Paulo: Parábola, 2013.

BAKHTIN, Mikhail. *Marxismo e filosofia da linguagem*. São Paulo: Hucitec, 1979.

BAKHTIN, Mikhail. Os gêneros do discurso. *In*: BAKHTIN, Mikhail. *Estética da criação verbal*. São Paulo: Martins Fontes, 1997.

BARBOSA, Jaqueline Peixoto. Outras mídias e linguagens na escola. *In*: CARVALHO, Maria Angélica Freire; MENDONÇA, Rosa Helena (org.) *Práticas de leitura e escrita*. Brasília: Ministério da Educação, 2006. p. 174-179.

BRASIL. Ministério da Educação. *Base Nacional Comum Curricular*. Brasília, 2018. Disponível em: http://basenacionalcomum.mec.gov.br/images/BNCC_EI_EF_110518_versaofinal_site.pdf. Acesso em: 3 mar. 2023.

BUZATO, Marcelo. *Letramentos digitais e formação dos professores*. Disponível em: https://www.researchgate.net/publication/242229367_Letramentos_Digitais_e_Formacao_de_Professores. Acesso em: 6 mar. 2023.

COSCARELLI, Carla V. (org.). *Tecnologias para aprender*. São Paulo: Parábola, 2016.

COSCARELLI, Carla V.; RIBEIRO, Ana E. *Letramento digital*: aspectos sociais e possibilidades pedagógicas. Belo Horizonte: Ceale/Autêntica, 2011.

DIONÍSIO, Ângela P. *et al*. *Gêneros textuais & ensino*. Rio de Janeiro: Lucerna, 2002.

FARIA, Maria Alice de Oliveira. *O jornal na sala de aula*. São Paulo: Contexto, 1989.

FREITAS, Maria Teresa. Letramento digital e formação de professores. *Educação em Revista*, Belo Horizonte, v. 26, n. 3, p. 335-352, dez. 2010. Disponível em: www.scielo.br/pdf/edur/v26n3/v26n3a17.pdf. Acesso em: 3 mar. 2023.

HARRYS, Ray; HARRYS, Chris. *Faça seu próprio jornal*. Campinas: Papirus, 1993.

HERR, Nicole. *100 fichas práticas para explorar o jornal na sala de aula*. Belo Horizonte: Dimensão, 1997.

ILARI, Rodolfo; BASSO, Renato. *O português da gente*: a língua que estudamos, a língua que falamos. 2. ed. São Paulo: Contexto, 2009.

KLEIMAN, A. Modelos de letramento e as práticas de alfabetização na escola. *In*: KLEIMAN, A. (org.). *Os significados do letramento*: uma nova perspectiva sobre a prática social da escrita. Campinas: Mercado de Letras, 1995. p. 15-16.

MARCUSCHI, Luiz Antônio. *Produção textual, análise de gêneros e compreensão*. São Paulo: Parábola, 2008.

MARCUSCHI, Luiz Antônio; XAVIER, Antônio Carlos. *Hipertexto e gêneros digitais*. Rio de Janeiro: Lucerna, 2004.

MORAN, José Manuel. *Mudar a forma de ensinar e de aprender com tecnologias*. Disponível em: http://www2.eca.usp.br/prof/moran/site/textos/tecnologias_eduacacao/uber.pdf. Acesso em: 6 mar. 2023.

RABAÇA, C. A.; BARBOSA, G. *Dicionário de comunicação*. São Paulo: Ática, 1987.

ROJO, Roxane (org.). *Escol@ conectada*: os multiletramentos e as TICs. São Paulo: Parábola, 2013.

ROJO, Roxane; MOURA, Eduardo. *Multiletramento na escola*. São Paulo: Parábola, 2012.

SCHNEUWLY, Bernard; DOLZ, Joaquim. *Gêneros orais e escritos na escola*. Trad. de Roxane Rojo e Glaís Cordeiro. Campinas: Mercado de Letras, 2004.

TORNIGHI, Alberto. O que é cultura digital. *In*: *Cultura digital e escola*. Boletim 10, agosto de 2010. TV Escola — Salto para o Futuro, MEC. Disponível em: http://portaldoprofessor.mec.gov.br/storage/materiais/0000015230.pdf. Acesso em: 6 mar. 2023.

ZANCHETTA Jr., Juvenal. *Para ler e fazer o jornal na sala de aula*. São Paulo: Contexto, 2002.